JN063012

日本社会学史学会

社会学史研究

第46号

2024

いなほ書房

学説史を通じて「社会学」とは何だったのかを問うⅡ

――一九二〇～六〇年代　諸理論パラダイムの形成――

橋本直人

一　はじめに

昨年度の本誌・特集の巻頭言で佐藤成基氏が述べているように、日本社会学史学会は「学説史を通じて『社会学』がどのように理解され、実践されてきたのかを問い直す」という共通テーマに基づいて三回シリーズのシンポジウムを企画した。

二〇二三年度はその第二回目として、一九二〇年代から一九六〇年代にかけての約五〇年間を中心的な時期に設定し、この時期の社会学における主要なパラダイムと言ってよい三つの競合的な理論の形成と展開について論じることとした。すなわち、シュッツの現象学的社会学とバーガーやガーフィンケルら継承者たちの諸理論、パーソンズが展開した構造機能主義、そしてホルクハイマーやアドルノ、フロムから始まるフランクフルト学派の批判理論である。

シュッツの系譜に関しては中村文哉氏、パーソンズに関しては白石哲郎氏、フランクフルト学派に関しては出口剛司氏にご登壇をお願いし、各パラダイムがどのように形成され、実践されてきたかというテーマについて、それぞれの深いご研究をもとにご報告いただいた。また、討論者を浜日出夫氏、梅村麦生氏のお二人にお願いし、包括的な問題から各報告者への個別的な論点まで幅広いコメントをいただいた。なお、司会は昨年度に引き続き佐藤成基氏と私（橋本）が担当した。

以下、本稿では本シンポジウムにおけるテーマ設定の意図や背景を確認したうえで、各報告の概要、討論者コメントおよびフロアとの質疑応答の概略などをご紹介し、筆者個人の雑感もあわせて述べることとしたい。

二　シンポジウムのテーマ設定と時代区分
――偶然性と選択の連鎖としての社会学史

本シンポジウムを含む三回シリーズ全体のテーマ設定については、すでに本誌昨年号（第四五号）の巻頭言（佐藤 二〇二三）で佐藤氏が詳しく論じておられるが、ここで今回のシンポジウムのテーマ設定について、筆者個人の観点からあらためて確認しておこう。

討論者の梅村氏も指摘されたように、社会学史にはさまざまなアプローチがあり得る。それらを佐藤氏にならって「制度論的アプローチ」と「学説史的アプローチ」に区分したとしても、それぞれのアプローチ自体がさまざまな可能性を含んでいる。たとえば「制度論的アプローチ」の中でも、大学内の講座編成や人事異動、学会の組織構成や機関誌の編集体制などに着目した科学社会学的なアプローチもあれば、二〇二一年度の本学会シンポジウムがテーマとしたように下位区分（家族社会学や地域社会学、市民社会論）の歴史をたどることで社会学全体のありようを問うこともできる。他方で「学説史的アプローチ」にも、概念史的なアプローチもあればフーコー的な言説分析などのアプローチも考えられよう。しかもこの二つのアプローチも相互に連関しつつ展開される必要がある。

これらの多様な可能性から、このシンポジウムでは社会学者・理論家個々人の理論形成とそこからの競合的パラダイムの展開に焦点をあてることとした。こうしたテーマ設定は「古典」や「巨匠」を列伝的に語る「クラシカル」な社会学史に見えるかもしれない。だが、われわれシンポジウム企画者（の一人である筆者）は必ずしも「巨匠たちの系譜」として社会学史を語ることを目指したわけではない。むしろ「社会学の歴史が一本の太い系譜でつながっていると捉えるような目的論的な歴史観」（佐藤 二〇二三：一一）に陥ることなく、その都度の歴史的・社会的な場面の中で個々の研究者たちが「社会学」をどのようなものとして構想し、実践してきたかをたどることこそがわれわれ企画者の意図であった。言いかえれば「社会学」という学問分野を「確立・完成されたもの」であるかのように実体視せず、（意図的であろうとなかろうと）その都度の構想と実践を通じて選択されてきた可能性の一つとしてとらえ返すこと、その意味ではつねに歴史的な偶然性に開かれ「他様でもあり得た」ものとして社会学の歴史をたどることが、この三回シリーズのシンポジウムにおける狙いの一つであった。そしてこのような社会学史は、理論・学説の形成と展開をその都度の構想と実践の連鎖ととらえることを通じ、現在の社会学のありようを考える上でも一つの手がかりを提示しうるのではないか、と考えたのである。三回シリーズの共通テーマとして掲げた「『社会学』とは何であったのか」という問いは、まさに「他様でもあり得た」その都度の構想と実践の連鎖として社会学を問い直すことを意図している。

その上で、今回のシンポジウム（三回シリーズの第二回）では、一九二〇～一九六〇年代の約五〇年間を中心として、この時代に上記の主要な三つのパラダイムが形成されてきたプロセスを主題に設定した。言うまでもなく、この時代区分の設定もまた一つの選択であり、他の時代区分を採用すればまた異なった社会学の歴史が見えてくるだろう。さらにこの時代区分を前提したにせよ、特徴づけ次第でその意味合いもおのずと異なるものとなる。たとえば、この時代は第一次・第二次世界大戦から朝鮮戦争を経てベトナム戦争に至る戦争の時代とも呼べようし、一九世紀の古典的ブルジョア社会の危機からフォーディズムと福祉国家体制に至る時代とも言えよう。あるいはロシア革命以降の五〇年と見なして思想史的にとらえるなら、マルクス主義の思想的ヘゲモニーの時代、あるいはマルクスとケインズの時代だったと言えるかもしれない。そうしたさまざまな選択肢の中で、討論者の浜氏をはじめ本シンポジウムで何回か言及されたホブズボーム（一九九六）の表現を借りれば、この五〇年間は「短い二〇世紀」のおよそ三分の二、「破局の時代」から「黄金時代」にかけてと見ることができる（まさに「極端な時代Age of Extremes」の「両極端Extremes」である）。そしてこの「破局の時代」という表現が本シンポジウムで論点の一つとなったのは、やはり三つのパラダイムがそれぞれにこの時代の「危機」ないし「破局」に直面する中で形成され、その刻印を色濃く残しているからであろう。もちろんパーソンズ、シュッツ、そしてフランクフルト学派第一世代のいずれにとっても、各々の歴史的・社会的状況に応じて、対峙した「危機」「破局」の様相は異なっただろうし、この「危機」「破局」における社会学の構想と実践もそれぞれに特有の選択をはらんでいたはずである（この点は後述を参照）。それはつまり、この時代にさまざまな可能性をはらみつつ社会学が構想され実践されたことこそが三つのパラダイムの起点にあったことを意味しよう。言いかえれば、現代にまで続く主要な理論パラダイムもまた、歴史的な偶然性と選択の連鎖の中で形成されてきたのであり、そこにはつねに「他様でもあり得る」偶有性と可能性がはらまれていたのである。

三 「破局の時代」とパラダイムの形成
――シンポジウム報告の概要

以上のテーマ・時代設定も踏まえつつ、次に本年度シンポジウムにおける各報告を紹介していこう。（なお、本稿に続いて本誌に掲載されている各報告者の論考はさまざまな点でシンポジウムでの報告から修正されている。もちろん読者諸賢には何よりも各論考を熟読願いたいが、本稿ではシンポジウムでの報告内容をもとに概観していく。そのため以下の概要と本誌掲載の各論考との間に差異がある点をご了承願いたい）。

第一報告は中村文哉氏による「社会的拘束下の人間行為とシュッツの現象学的社会理論――〈日常［世界］の社会学〉という視点をめぐって」である（中村氏は「［世界］」という表記には迷いが含まれているとしており、本誌掲載の論考では「〈日常生活の社会学〉」と変更されている）。中村氏は『行為論からみる社会学』の共編著はじめシュッツ研究で知られるとともに、ハンセン病者の現実を長年にわたり研究されており、理論と実践のかかわりに対しても鋭いまなざしを向けてきた研究者である。

中村氏は報告冒頭でグールドナーの「すべての理論はまた個人的理論であって、その個々の理論家の個人的経験を必然的に表明し、注ぎ込む」という言葉を引用しながら、シュッツの現象学的社会理論の根底にあるシュッツの同時代経験とそこから生まれた視点、そしてガーフィンケルやバーガー、ゴッフマンらアメリカの研究者たちへと（誤読やズレをはらみつつ）継承されていく過程をたどっていく。

氏によれば、オーストリア＝ハンガリー帝国の首都ウィーンで、同化ユダヤ人であったシュッツはアカデミズム内のユダヤ人差別に直面しつつも多民族国家ゆえの相対的な自由度と「居心地の良さ」を感じていた。だが第一次世界大戦の敗戦でオーストリア＝ハンガリーが滅亡するとともにこの状況は崩壊し、「既存の枠組がリアリティを喪失する」危機的な事態が発生する。差別や抑圧を含んだこれらの状況を切り抜けていくユダヤ人としての経験が、シュッツの「他者理解」という視点や彼のターミノロジーの根底にあるのではないか、と氏は指摘する。そしてフランスを経てアメリカに亡命して以降も、「移民」「よそ者」としてのシュッツのスタンスは変わらず、その自己経験の主題化が亡命後のシュッツの著作にもうかがえるという。

こうしたシュッツの視点は、やがてガーフィンケルやバーガー、ゴッフマンらへと引き継がれていく。たとえばゴッフマンの理論を、グールドナーは「日常生活における固有な非調和」を「外観の操作」によって解決すると評するが、中村氏はこれを差別や抑圧といった現実を日々生きる人々が「その場を切り抜ける・やり過ごす」回避戦略の理論ととらえ返している。また氏は、自明ゆえに意識されざる日常世界の諸前提を暴露するという契機がガーフィンケルの違背実験に含まれることを踏まえ、ユダヤ人差別や黒人差別の中で人々が「〈違背実験〉という社会的現実」を生きている、と指摘する。それゆえ、重要な差異や誤読をはらみつつもシュッツからバーガー、ゴッフマン、ガーフィンケルへと継承された日常世界への視線は、当時の社会学に対しても、またのちの時代に対しても大きなインパクトを与えたのではないか、として中村氏は報告を結んでいる。

第二報告は白石哲郎氏による「激動期におけるパーソンズの理論展開――秩序の枠組としての文化の不変的な位置づけ」である。白石氏は博士論文をもとに二〇一九年に刊行された著書『社会学理論における文化概念の変遷』をはじめ、パーソンズの文化理論について研究を蓄積されている。

白石氏は、一九三〇年代の主意主義的行為理論から中期の構造機能主義に至るパーソンズ社会学の理論展開をたどりながら、その理論展開の中で「秩序の枠組」としての文化の位置づけが不変であることを示し、そこでのパーソンズの問題意識の形成過程を彼の個人的および時代的背景に探っていく。

はじめに白石氏が指摘するのは、パーソンズの理論形成の歴史的背景としての「二度にわたる資本主義の危機」である。第一の危機がロシア革命であり、第二の危機が一九二九年の世界恐慌である。氏によれば、パーソンズはこの二つの危機を通じ、スペンサーの進化論的功利主義の破綻と急進的社会運動のリスクとを目の当たりにし、そこから市民の自発的な連帯に基づく秩序の意義を実感するに至った。さらにその背景には、プロテスタントの牧師であった父E・S・パーソンズが従事した社会福音運動の影響もあっただろう、と氏はいう。前期パーソンズの代表作『社会的行為の構造』は、社会科学の伝統的な潮流を検討することで主意主義的行為理論へと収斂すると論じたが、そこでパーソンズはデュルケームから継承した「共通価値による統合」の重要性を理論的に位置づけることに成功する。それはちょうど「二つの危機」に対応した社会学理論を構築する営みでもあった。とはいえ、この段階ではまだ共通価値を組み込んだパーソンズ独自の理論が具体的に展開されたわけではなかった、と白石氏は指摘する。

だが、「資本主義の危機」はさらにその様相を深めていく。白石氏は危機の深化として、一九三〇年代のファシズム台頭＝「民主主義の危機」、そして民主主義の危機に無力な社会科学への懐疑＝「科学の危機」を挙げる。この危機に対してパーソンズは、反ファシズムの調査研究や教育活動に携わるとともに、ハーバード大学での学際的な共同研究を通じて構造機能主義への展開を進めていく。その成果が、ともに一九五一年に刊行された『行為の総合理論をめざして』と『社会システム論』である。ここでパーソンズは人間の行為をシステムとしてとらえ直し、行為システムの葛藤や緊張を最小限に抑える要素として「道徳的標準」を位置づける。「道徳的標準」は一方でパーソナリティシステムへと内面化され、他方で社会システムにおいて制度化されることで両者を統合する。すなわち、この内面化と制度化とが「車の両輪のごとく連動する」ことで相互行為が安定化し社会が統合されることになる。こうしてパーソンズは文化に「秩序の枠組」という枢要な地位を与えるに至る。

白石氏によれば、文化の理論的重要性は一九六〇年代の社会変動論においても変わらない。パーソンズの社会変動論は、一九六〇年代の社会運動とこれへの対抗・反動というコンフリクト状況を背景に、多様な集団を完全な成員として包摂する必要性を理論化し、文化における価値パターンの変形と「一般化」という方向性を組み込むことになる。それは、パーソンズが一貫して文化を社会の「統合の枠組」と位置づけていたことを意味する、というのが白石氏の結論である。

第三報告は出口剛司氏による「歴史の転換点とフランクフルト学派の挑戦」である。出口氏は二〇〇二年の著書『エーリッヒ・フロム』はじめフランクフルト学派に関する研究を中心に、数多くの論考を発表されている。またアクセル・ホネットやハルトムート・ローザらフランクフルト学派現役世代の訳者としても知られている。

フランクフルト学派という、世代も個性も多様な理論家たちから批判理論の核にあるものを取り出すために、出口氏は二〇〇四年のホネットの論文「理性の社会的病理」に手がかりを求める。ホネットによれば、批判理論の「継承すべき核心的内容」とは「歴史に作用する理性とその反省形式」にあるという。これはさらに①社会的な理性（合理性）の歪曲としての社会的病理の診断、②社会的病理の根源としての資本主義の問題、③社会的病理の診断からの理論実践（倫理）の定式化、という三つの論点に整理される。

第一点は、社会的病理が社会的な理性（合理性）の歪曲ないし欠如から帰結するというものである。たとえば不平等のような社会的病理が病理と診断され得るのは、すでに社会の中に平等の理念＝理性（合理性）が基準として存在するからであり、その意味で理性が現実に歴史の中で作用しているからこそ病理が病理として現れると言える。第二点は、資本主義が限定的な合理性のあり方と結びついているがゆえに理性の十全な実現を妨げることから社会的病理が発生する、という診断である。第三に、診断と批判から理論的な実践（倫理）へと展開することが求められる。なぜなら、病理とそこから生じる苦悩それ自身が、「苦悩はあってはならない」ことを前提とするからであり、病理と苦悩は十全な理性からの警告に他ならないからである。こうして、ホネットの視点からは批判理論が病理の診断を通じて社会的な理性を再構成的に解明することで倫理へと向かう理論実践としてとらえ直される。

出口氏はこうした観点からあらためてフランクフルト学派を歴史的にたどっていく。そして、まず批判理論が構想された一九三〇年代には、社会的事実の自然的な再生産をそのまま受け入れる伝統理論（実証科学）を批判し、社会の理性的組織化という観点に立つことで社会の自然的再生産を統制することが考えられていた、と指摘する。さらに氏は、一九四〇年代の批判理論を代表する『啓蒙の弁証法』と『自由からの逃走』もこうした初期の構想を継承しているという。『啓蒙の弁証法』は、自然を克服する陶冶であったはずの啓蒙が自然の循環的な再生産構造へと閉じ込められることへの批判であり、啓蒙そのものを「啓蒙の弁証法」（＝啓蒙の自然への転落）から解放することで不十分な啓蒙を徹底する理論実践である、と出口氏は言う。また『自由からの逃走』も、服従と独裁という社会的病理の原因を消極的自由という不十分な自由＝理性として診断しているのであり、この社会的病理の診断から積極的自由という倫理を導き出す理論実践と解される。

続けて出口氏は、診断と批判から倫理へという理論実践をさらに明確に示したのがハーバーマスであるという。特に『コミュニケーション的行為の理論』は、システムによる生活世界の植民地化として社会的病理を診断し、その原因を資本主義的近代化における合理性の歪曲・限定性に見出す。そしてそこから十全な理性を実現しうる合意のための倫理的条件を提示する、という理論実践とみなし得る。

このように時代を経ながら形成されてきた批判理論のパラダイムが社会学に対し、経験的記述を超えた時代・社会診断と理論実践の可能性を提示したことの意義は大きい、と出口氏は報告を結んでいる。

四　討論と質疑、そして個人的な雑感
――結びにかえて

以上の三つの報告に対し、討論者である浜日出夫氏と梅村麦生氏から、次のようなコメントと質問が提起された。

まず浜氏は、三つのパラダイムの形成者たちがいずれも時代経験を共有していることを確認する。すなわち、本稿二節でも触れた「破局の時代」、特にナチズムの経験である。アドルノやフロムはじめフランクフルト学派、そしてシュッツはどちらもナチズムに追われてアメリカへと亡命し、他方でパーソンズは反ファシズムの活動へと積極的にコミットしていく。だが、この同じ時代経験がフランクフルト学派では「理性の病理」として、シュッツには（フッサールとともに）「学問の危機」として、そしてパーソンズにとっては近代の危機（「つねにナチズムに転落する瀬戸際にある」近代社会）として、それぞれ異なった形でとらえられることとなる。そしてその差異に応じて、やはり共通の課題であったはずの社会秩序への問いもまた問われ方が異なっていたのではないか、と氏は問う。さらに浜氏は、同時代に尾高朝雄の『国家構造論』（一九三六）や Grundlegung der Lehre vom sozialen Verband (1932) が出版されていることを指摘し、尾高とシュッツとの個人的な交流にも触れつつ、ファシズムへの応答の同時代性と差異という論点を挙げる。その上で三報告に対し、三つのパラダイムが現在の社会学に対して有する意義ないしアクチュアリティを問いとして提示された。

次いで梅村氏は、「社会学史はいかにして可能か」という問いを手がかりに、社会学の「存在拘束性」ないし時代拘束性と、近代社会の自己像としての社会学の変遷としての社会学史という側面を指摘する。また、本シンポジウムの「学説史的アプローチ」を踏まえつつ、理論・学説が単独で意義を有するものではない以上、他の理論・学説との連関やアカデミズム外の諸環境との関係も視野に入るであろうという。こうした点を踏まえた上で、梅村氏は浜氏の問いに関連させつつ、シュッツ、パーソンズ、そしてフランクフルト学派第一世代が時代経験として共有した社会的現実と、今日の社会学にとって主題となる社会的状況との関連をどう捉えるべきか、また三つのパラダイムがその形成期に他の諸理論とどのような関係（対抗、参照、……）にあったのか、という問いを提起された。

二人の討論者からのこうした問いに加え、さらにフロアか

らも討論者の問いとも関連しつつ、数多くの問いが活発に提起された。たとえば「危機」「破局」のスパンをどのようにとらえるのか（ファシズムで代表させるべきか、第一次世界大戦からの連続性でとらえるべきか）、文化の重要性にもかかわらず文化に関する具体的な分析をパーソンズは展開しているのか、またシュッツとパーソンズとの関係を理論的な補完関係として捉える可能性について、あるいはフランクフルト学派に対する西欧中心主義・一国社会学という批判に対して批判理論はどう答えるのか、さらに一九二〇年代から一九六〇年代という長い時代にわたるパラダイムの形成と競合の中で、社会の変化がどのように理論形成と関わってきたのか、あるいは「すべての理論は個人的理論である」とするならば社会学史はどのような姿を取るのか、等々の多様かつ重要な問いが提示され、フロアと報告者・討論者との間で活発な議論が交わされることとなった。

本来であれば、本稿でこの複雑かつ多面的な議論の全容を、見通し良く整理してご紹介するべきなのだろうが、紙幅の制約もあり、筆者にはとうていその任は果たせない。そこで最後に、筆者個人が関心をひかれた論点について、雑感を交えつつ述べることで本稿のまとめに代えることとしたい。

本シンポジウムを通じて筆者が改めて認識したのは「危機」「破局」の多面性、その多面性が立ち現れるそれぞれの視点の多様性であった。白石氏が論じたように、パーソンズにとっての「危機」は資本主義の危機であり、ファシズムの台頭による民主主義の危機であったのに対し、中村氏が指摘したように、シュッツにとっては多民族帝国の崩壊こそが「破局」であった（とはいえユダヤ人差別を考えれば「破局」以前は「平和」だったとも言えないが）。さらに視点を変えれば、少なからぬ公害病患者にとっては一九二〇年代から六〇年代という五〇年間が丸ごと「破局の時代」だったかもしれない。だとすれば、「危機への応答としての社会学」は想像以上に多様でありえただろうし、その意味ではまさに中村氏が引用するように「すべての理論はまた個人的な理論である」。そうした中で、本シンポジウムが主題とした三つのパラダイムが主要な理論枠組として現代にまで大きな影響を及ぼしたのは、その「危機」ないし「破局」の様相を、言いかえれば「危機」を見る視点を、多くの人々が共有しえたからであろう。

だが、そのことは共有されなかった視点が無意味であることを意味しまい。出口氏が言うように苦悩がそれ自身として「苦悩があってはならない」と訴えるのであれば、それぞれの視点から「破局」や「危機」に応答する理論がありえたはずである。三つのパラダイムは、あるいはそうしたさまざまな視点からの「苦悩」に応答することができたからこそ大きな影響力を得たのかもしれない。そうだとするなら、社会学史の仕事は決して学の完成を寿ぐ「巨匠の系譜」や目的論的な歴史を紡ぐことではないだろう。むしろ大小さまざまな「破局」や「危機」に直面する「苦悩」に目をこらし、そこから聞こえる叫び声を丹念に拾う作業こそが求められるのではなかろうか。

しかも再度ホブズボームを参照するなら、「短い二〇世紀」の最後の三分の一こそ「危機の時代」である。そして本シンポジウムでも論じられたように、公民権運動や女性運動、あるいは反植民地主義など、「危機の時代」は一九六〇年代からすでにその姿を現し始めていたと言える。それゆえ本シンポジウムの主題は、さらに現代へと続く「危機の時代」に引き継がれていくことになるだろう。

二〇二四年のシンポジウムのテーマは「『社会学』の流動化と多様化」である。この第三回目のシンポジウムでどこまで多様な声を聞きとれるか、企画者として引き続き取り組んでいきたい。

文献

佐藤成基、二〇二三、「学説史を通じて『社会学』を問う——大会シンポジウムによせて」『社会学史研究』第45号

ホブズボーム、エリック、河合秀和訳、一九九六、『二〇世紀の歴史　極端な時代』（上・下）、三省堂

（はしもと　なおと・神戸大学准教授）

特集　学説史を通じて「社会学」とは何だったのかを問うII　―一九二〇～六〇年代 諸理論パラダイムの形成―

社会的拘束下の人間行為とシュッツの現象学的社会理論

―〈日常生活の社会学〉という視点をめぐって―

中村文哉

はじめに

特定の社会理論は、なぜその様になるのか？この件に関して、グールドナーは、社会理論の「下部構造」として「領域仮説」（Gourdner,1970:三九）を示唆した。それは、シュッツが全体主義に賛同しなかったのはなぜか、パーソンズが現象学を理解しなかったのはなぜかを問う場合、有効な視座になる。以下では、この点に考慮し、本稿に与えられた課題、即ち一九二〇年代から三〇年代のウィーンで始まったシュッツの現象学的展開が、亡命後の一九六〇年代から七〇年代にかけて、アメリカでどの様に継承されていったか、その一端を示したい。

一九五六年からの三年間を除き、シュッツは「昼は銀行員、夜は哲学者」のスタイルを貫き通した。ウィーンでの彼の研究職断念について、ワグナーは、「無期限の『私講師』としての無報酬の講師職を受け入れる余裕がなかったため」（Wagner,1983:五二六）、「学術的関心と〝生計のために働くこと〟を結合する道を選んだ」（Wagner,1983:三五）と指摘する。当時のウィーンでは、こうしたライフスタイルは一般的であった（小川一九九一：七九ff）。

シュッツが自らの思索を展開させた時代は、世紀末ウィーンの同化ユダヤ人たちの自由主義が薄れゆく時期であった。彼も第一次世界大戦に従軍したが敗戦し、帝都ウィーンは単なる一国家の首都となった。全体主義が忍び寄り、これからの国家社会をどうするかという課題を抱える中、当時のウィーン大学にはまだ知性の凝集力があった。彼のウィーン大学時代は、一九一八年の冬学期から学位取得の一九二一年を経て、一九二二年の夏学期に至った（Wagner,1983:一二）。

さて、以下では、シュッツ現象学が如何なる影響・過程の下で成立したかを示すべく、一では当時のウィーンのユダヤ人社会の若干の利害状況を示し、二では同時代ウィーンの社会科学の動きを概観し、それらを背景に一九二〇年代から三〇年代にかけての彼の主著『社会的世界の意味構成』（以下『構成』と略記）の成立とその若干の背景を三で示す。四では、亡命後の彼の足跡を簡単に示し、一九六〇年代から七〇年代にかけて、シュッツの現象学的思惟がアメリカ社会学に如何にして継承されたかを、みてゆきたい[1]。

一　社会的拘束下の同化ユダヤ人とシュッツのウィーン時代における「民族」「言語」の問題

野村（一九九九）の知見を仰ぎ、同化ユダヤ人・シュッツの生活史的状況の歴史的背景の確認から始めよう。

野村は、近世ウィーンへのユダヤ人の移動を、三期に区分する（野村一九九九：一五）。まず、一七七三年、ガリツィアへの視察でその悲惨な姿に触れたヨーゼフ二世はユダヤ人への「寛容令」を発し、「ユダヤ教徒と帝国の他の臣民との平等を法制化」（野村一九九九：一九）した。だが、一八四八年の革命以前には、ユダヤ人のウィーン居住は禁止され、高額の「『寛容税』と引き換えに居住特権」が付与された（野村一九九九：一一）。その後、まず、一八四八年革命後の一八五〇年代の「移動制限の撤廃」により、ベーメン、メーレン地方からの移動が許可された。この時期の移動者が「ウィーン・ユダヤ人」（野村一九九九：一三）、即ちドイツ語を使用する同化ユダヤ人の社会層となる。シュッツ家もこの層に含まれると考えられる。その中には貧困層の流入もみられたが（野村一九九九：一六ff）、「ウィーン・ユダヤ人」は富裕層を多く含み、「東欧ユダヤ人」とは区別される存在であった。次に、同時期、ハンガリーからの移動者が後続する。同地はドイツ語圏の近隣エリア故に、ドイツ語が使えるユダヤ系商人の社会層をウィーンに形成した（野村一九九九：一九）。帝都ウィーンは「商業」とともに「自由主義の中心地」であったことが（野村一九九九：一七）、人々の移動を促した。最後に、ロシア革命後、ロシア軍の侵攻により、一九世紀初期にガルツィアのユダヤ系農民層の戦争移民が急増し、地方と都市を媒介する「仲買、小売、行商」および職人の従業者から成る下層ユダヤ人の社会層が、ウィーンに形成された（野村一九九九：一九）。この様に、ウィーンのユダヤ人社会層は、多様な仕方で形成され、それぞれ異なる利害状況に置かれていた。

こうした背景のもとに、第一次世界大戦が勃発した。この戦争により、ウィーンへの戦争難民の移入が急増し、第一次世界大戦後の一九二〇年代ウィーンは「食糧難」「住宅難」（野村一九九九：一九七）等、社会的混乱を来たす中、帝国解体に伴う領土問題、捕虜問題、戦争難民の帰還問題を含みつつ「旧ハプスブルク帝国の錯綜した国籍問題」（野村一九九九：二三二）が再出来した。旧帝国では、「その者の民族意識を優先させる主観主義」（野村一九九九：二三二）の方針が採られていた。一八六七年公布の憲法では「民族帰属を示す簡便な指標」として「日常言語」を「採用」したが（野村*ibid.*）、ユダヤ人のイディッシュ語は「憲法で保護された民族言語」ではなかったため（野村一九九九：二三五）、ユダヤ人は「民族」とみなされず（野村一九九九：二五五）、「一つの宗教的団体」とみなす位置づけであった（野村一九九九：二三六―七）。この点で、ユダヤ人の国籍は、日常言語の選択により決定されるので、生活条件にあわせた選択の自由が許されていた。

ところが、敗戦処理に関わり、オーストリアでは一九二〇年七月一六日に発効された「サン・ジェルマン（St. Germain）条約」では、「そのものが本籍権を持つ本籍地を国籍の基準とする」原則の下で、「個人に対して言語的、民族的帰属にもとづく国籍選択［権］を認めた」ものの、「多民族の混血地域」での言語的帰属の判断は、母語と日常言語の間での選択それ自体が難問となる（野村一九九九：二三二）。それ故、旧帝国では当事者の「民族的帰属意識を重視する主観主義」（野村一九九九：二三三）が運用された。

以上から、民族的帰属、言語選択の自由度が、ユダヤ人移民に必須となる現実が照射できる。状況の利害にあわせたプラグマティクな使用言語の選択と民族的帰属の自由がないと、生活が成り立たない事情があったが故に、ユダヤ人には自由主義思想が必要性となる（野村*ibid.*）。この時点までは、「人種」による帰属指標は「意図的に避けられていた」（野村一九九九：二四七）が、内務大臣に就任した反ユダヤ主義者・グランツは、この禁断の領域に踏み込んだ。

ここで当時のオーストリア政党史に触れておこう。当時は、社会主義勢力の「社会民主党」、農民・中小商工業者・カトリックの社会層が支持した「キリスト教社会民主党」、更に全体主義思想を掲げた「大ドイツ国民党」に、大別される。「社会民主党」（正式名称は「社会民主労働者党」（Jhonston, 1972:

一五二）は、旧帝国の民族帰属に関する「主観主義」に倣う「反ユダヤ主義を綱領に掲げぬ党」（野村一九九九：二〇〇）であり、同党とユダヤ系出自の人たちは、一部の利害を共有していた。一九一九年五月四日、社会民主党は圧勝（野村一九九九：二七四）、政権を得た。この時期を、バウアーとM・アドラーは、新生オーストリアの「革命の過程」とみていたが（森一九九五：一八三）、一九二〇年一〇月一七日の「第一回国会選挙」で社会民主党は敗北し、キリスト教社会党との連立政権を解消して下野した。他方、大ドイツ国民党が二〇議席を獲得して躍進し、同党から件の内務大臣が登場した。

彼は、同条約八〇条の規定にあった〝Rasse〟を「生物学的な人種」と規定し、「セム人種」を「新設」した（野村一九九九：二四八）。これにより、多様な社会層に階層化されていたユダヤ人社会は「ユダヤ教を信仰するドイツ人として自称してきた括され、「ユダヤ人社会は「セム人種」として、法的・政治的に一ウィーン・ユダヤ人にとって、その足下を根底から掘り崩す」（野村一九九九：二四九）事態を出来せしめた。青年期のシュッツが過ごしたウィーンは、民族的帰属と言語選択を巡り、自由を剝奪する社会的拘束が出来した。

この事態を、野村は「言語は個人によって任意に選択可能であるが、人種はそうではない」（野村一九九九：二五三）と指摘する。この点はシュッツの平等論での「非自発的集団」（Shutz,1964:二五〇）の論件に重なる。この〈意図的に避けられてきた規定替え〉が、ウィーンで共生関係にあった同化ユダヤ人たちの国外亡命の端緒となった。

二　時代の転換点でのウィーン社会思想の展開

近世のドイツ語圏では、「現象世界と精神世界、自然科学の世界と人間活動の世界との間に、根本的な裂け目がある」とする「観念論的社会思想の基礎にある考え方」により（Hughes,1958:一二八）、自然科学と精神・文化科学を区別し、意志（Tönnies）、価値（Rickert,Windelband）、精神（Dilthey）、直感（Troeltsch）、行為（Weber）、主観的意味（Mises）等、「目に見え客観的に検証できるものから、説明しがたい動機づけの部分的にしか意識されない領域」、即ち「主観的なもの」に基づく〈人間に固有な領域〉に照準を定めた「物質から精神への視点の転換」が起きた（Hughes,1958:四六）。この「客観的に検証できるもの」から「主観的なもの」への思想転換を背景に、ヒューズは、シュッツも含む「第一次世界大戦の直前の世代」に共通する状況を次の様にいう。

「第一次世界大戦の直前の世代にあっては、これらの思想家たちは、心理的な不安という広汎な経験を共有していた。それはつまり、切迫した破滅感、旧来の慣行や制度がもはや社会の現実に適合しなくなったという感じである。……この古い社会の退譲期という感覚、加うるに次の新しい社会がどのようなかたちのものになるかわからないという不安と苦悶……」(Hughes,1958:十一)

こうした〈人間に固有な領域〉を対象とする場合、例えばディルタイに代表される文化科学のその方法論は「一般『法則』を求めるものでは決してありえなかった」(Hughes,1958:一二八)。ここでは、「主観的直感の閃きとか便宜的な虚構」即ち理念型の創出のもと、「主観的なもの」の理解が要請される(Hughes,1958:四六)。〈人間に固有な領域〉に踏み込む固有の方法論が、アプリオリ(出立点)の設定や理念型である(森一九九五:一七七)。

アプリオリの方途を用意したのは、カントである。カントは、超越論的に成立している時間と空間のカテゴリーから成る悟性図式をアプリオリなものとして措定し、人間の認識のあり様の照射を試みた。

社会科学が〈人間に固有な領域〉に踏み込むには、個々の社会事象の意味を把握し、その構成を辿るため、こうしたアプリオリな前提(出立点)ないし図式が必要になる。カントを継承した新カント派は、「主観的なもの」を含む〈人間に固有な一連の問題系〉に踏み込むための社会科学方法論の開拓に挑戦し、「ドイツ精神史の過去五十年の最も注目すべき現象の一つ」である「社会学の学問的性格をめぐる論争」が展開された(『構成』:十五)。

森に倣い、まず触れておくべきは、シュッツも三科目(森一九九五:三二)履修したM.アドラーの新カント派マルクス主義(オーストロマルキシズム)の展開である(森一九九五:一五七ff)。彼の考えは、当時の社会科学方法論争の中で追求されたアプリオリな方法論の一到達点であると同時に、それはシュッツが辿った現象学的方法の前段に位置づけられる。

アドラーは、「人間的結合存在の根本概念」の「認識論的根拠付け」を、「意識一般」という「自我のアプリオリな被結合性」(Adler,1904:二六七-七)に求め、「人間の社会存在の科学」としてのマルクス主義の「彫琢」を試みた(岸川二〇二〇:五七)。「意識一般」とは、社会生活における個々人の認識の、匿名的に共通する「一類的表徴」(Adler,1904:二六六)であり、アドラーはこれを〈自己という形式〉として、時間・空間のカテゴリーから成るカントの悟性図式に加えた。

カント没後百年の記念論稿で、アドラーは、「意識一般」という〈自己の形式〉を踏まえ、「社会的紐帯」（Adler,1922:八八）を形成する「内面的精神同質性」（Adler,1922:八四）を解明すべく、「相共に共同的に一個の精神世界を構成せる」（Adler,1922:九一）原理を、他我問題に求めた。他我（汝・隣人）の「実在性」を、仮定や推理ではなく、「各個別意識はそれ自身の直観に関して既に直接他[我]の意識と関係を有す」るが故に、他我は「我々の意識の中」ではなくて「我々の意識と共に与えられている」ものとした（Adler,1922:九五‐六）。この考えは、他者を所与の存在として自明視する「自然的態度の構成的現象学」の出立点である「他我の一般定立」に近い「社会的アプリオリ」（森一九九五：一六四）の設定であり、更に意識の中の共同性の論件は、「社会的世界の構造分析」のイデアールな他者との社会関係とも親近性がある。アドラーが主題化させた連帯という社会関係の構成問題は、基本的に、他者（理解）の問題、間主観的共同性の問題である。彼は、その解法をカントの認識論に求め、個人的認識ではなく、社会的認識の基礎理論構築によるマルクス主義社会学の基礎づけを試みた。

「主観的なもの」に特化して〈人間に固有な領域〉に踏み込むもう一つの方法論は、理念型を用いるヴェーバー理解社会学である。社会的行為の動機、即ち主観的意味を捉えるヴェーバーは、法則科学の限界を突破し、法則的説明では及ばない個別的・個性的事象を、社会的行為の主観的意味に遡る仕方で理解する社会科学方法論を定式化した。その際、理念型は、認識対象となる個々の行為の主観的意味とその構成を理解するための解釈図式として働く。シュッツは、「あらゆる科学的研究の基礎になっている要請」である「私たちの前にある事実世界をありのまま把握し記述せよ」の命を、「個人の社会的行為という最も原初的な事象の要素」を「照合」する方法論であるヴェーバーの理解社会学に読み込んだ（『構成』：十六）。ヴェーバーとシュッツは、社会科学における〈人間に固有な領域〉を、社会的行為の主観的意味に求めた。

三　一九二〇年代から三〇年代のシュッツの歩み

シュッツの研究業績が世に出たのは、一九三二年の『社会的世界の意味構成』であった。その成果は、アプリオリの排除を徹底する超越論的領域に定位したフッサール現象学の方途とは異なり、「間主観的な現象として構成されている」（『構成』：四七）「日常的な社会生活における意味現象」の領域（自己とその体験、他者の存在を内世界内事象としてアプリオリなものとみなす領域）に定位した「自然的態度の構成的現象学」（『構成』：六〇）の展開であり、同書第四章での「社会的世界の構造分析」はその一帰結である。「いま・ここで・そのように」（『構成』：三四七）の様相のもと、世界（社会的現実）を体験している生身の私の身体を基点に、直接的かつリアルな仕方での他者体験が可能な「社会的ウムヴェルト」、「ここ」のみを共有するため、間接的かつイデアールな仕方での他者体験に留まる「社会的ミットヴェルト」、「いま・ここ」を共有しない「社会的前世界・後世界」へと、構造化される社会的世界を前に、横断的かつ縦断的に他者へと差し向けられた志向的配意の作用により、多様な社会関係を間主観的に紡ぎだす主観的意味構成の諸相を捉えるのが、「社会的世界の構造分析」である。以下では、一九二〇年代から三〇年代までのシュッツの思索を辿りつつ、シュッツの「社会的世界の構造分析」の狙いと意図について、みてみよう。

ヴェーバーは、一九一八年の第一セメスターで、ウィーン大学で教鞭をとったが、聴講した知人たちの影響から、シュッツは彼の「優れた知性」を知ったという（Wagner,1983:三〇）。シュッツの大学在学期間、彼の「先生世代」（Wagner, 1983:二〇七）にヴェーバー支持者はいなかった。自由主義者の彼の師匠・ケルゼンは、法は国家、社会秩序は法秩序であり、法・国家を社会的行為との連関から捉えるヴェーバーを批判した。シュッツが私淑したミーゼスも、主観的意味の方法論的重要性を主張しながら、ヴェーバーの理念型を拒絶した。こうした中でのヴェーバー問題は、「先生世代」が不問に付した件やその理論的問題を再考する中で、シュッツたち次の世代によって主題化されたといえよう。シュッツはもとより、ミーゼスサークルのメンバー・F. カウフマンもケルゼンの「純粋法学」とフッサール現象学との関連を追い、社会科学方法論を彫琢する独自のプランの中で（森一九九五：四八五ff）、ヴェーバー理解社会学は重要な位置を占めた。

『構成』の基調は、第一章「予備的考察」で示されたヴェーバー理解社会学への批判的考察に示される。シュッツの方途は、〈社会的行為の主観的意味**構成**〉に向かう現象学展開となった。シュッツは自らの出立点（アプリオリ）としたのがベルクソンの意識哲学の出立点である「純粋持続」概念であり、それをフッサールの「内的時間意識」の現象学的問題系に接続させた。

その展開の足場は、『生（活）形式の理論』として編纂された一九二〇年代のシュッツの草稿に残された。シュッツは、「純粋持続」を起点に据え、そこから「私の記憶を付与された持続」「行為遂行の私」「あなたDuが関係している私」「語る私」「概念的に思惟する私」から成る「生の諸形式」の六次元を切り分け、各次元間の相互連関を、「シンボル関係」に基づく〈シンボル作用とシンボル化される対象〉の連関と捉えた（Schutz, 1981:111）。ここには、常に生成し続ける「純粋持続」と消滅していく瞬間の相互否定関係のもと、持続的な〈生成の波〉にも〈消滅の波〉にも呑まれず、両者の把持を可能にする「私の記憶を付与された持続」への止揚により、私の世界体験の経験化が有意味的に構成され、それを基盤に、それ以降の〈他者と共に生きる私の間主観的な生の形式〉と〈概念思考の世界〉が組織化され、「生の形式」の全体像が示された。シュッツの第一のアプリオリは、時間の弁証法の上に築かれた。この展開は、後に、現象学的還元を遂行した『構成』第二章で、「シンボル関係」をフッサールのいうノエシス・ノエマの志向連関へと置き換えることで、成就した。

私自身の持続的意識流の生成と消滅の不断の連続という時間構造上の否定連関を自らの出立点に据えた時点で、シュッツ理論は〈私の意識における純粋持続〉を基底とするエゴロギーへの定位を、自らのアプリオリな戦略として選択した。私の意識の中で構成される主観的意味を出立点としたその含意とは、自己（私）の世界体験と他者のそれとの相違点を析出する点にある。というのも、自己の意識と他者のそれは、両者が同一人物でない限り、根本的に異なるからである。

ここからシュッツは、ヴェーバーの理解概念で同一視されていた「自己理解」と「他者理解」の原理的相違に起因する自己意識と他者意識の裂け目を踏まえ、他者の先所与性という第二のアプリオリを導出した。その含意は、「自己意識における他我の構成」というフッサールの発生論的な超越論現象学の陥穽の回避にあった。超越論ではない〈内世界的準位〉での現象学というシュッツの構想は、他者を〈所与のもの〉として自明視し、前提とみなす自然的態度に依拠した第二のアプリオリとなる。

更に、『生の諸形式』の〈記憶された持続〉の次元は、「経験（知識）のストック」の原型をなし、他者との関係から、概念的思考へと繋がる『構成』の展開を先取りしていた。

『構成』の意味構成論は、持続的意識と共に流れる世界体験から、「生への注意」「関心」等の反省的配意作用により、ある体験が、「有意味な体験」として「際だてられる」点を原理とする。その場合、「有意味な体験」を際だてる志向的配意作用も、〈際だてられた有意味な体験〉も、その「有意味な体験」とレリヴァントな「経験のストック」の中の諸々の理念型・類型〈記憶の中に沈殿した過去の「有意味な体験」（＝経験）の中にある諸知識）が、解釈図式として想起され、その有意味性を構造的に構成する。それ故、「有意味な体験」の構成にとって、「経験のストック」は、その人自身の過去の他者経験や世界経験により堆積した先所与的かつ自己所与的な、社会的有意味構成体となる。

ここで確認したいのは、「社会的世界の構造分析」の射程にも関わるシュッツのこの意味構成論の射程である。シュッツの意味構成論は、「経験のストック」という〈各私的でエゴロジカルな過去の体験の沈殿物〉により「有意味な体験」を構造化させる仕方をとる。それ故、シュッツの意味構成論は、個人心理的な分析へと傾斜していくと考えられる。だが、シュッツは、理念型・類型の「匿名性の程度」（『構成』：三四二）による、個別の「経験的記述」および「形相的記述」の可能性を指摘する。理念化・類型化された対象は、それに意味を付与するその理念型・類型が、主観的意味連関に由来するのか、客観的意味連関に由来するのか、即ち私にしか知らない親密で私秘的なことなのか、誰でも知っている匿名的なことなのか、というこれら二極間で、その都度の関心のあり様に規定され、多様な仕方で構造化される理念化・類型化の遠近法を分析するのが、シュッツの意味構成論である。そこで理念化・類型化される社会事象が、ウムヴェルトに帰属するのか、ミットヴェルトのそれか、あるいは前・後世界なのかにより、構造的な変容を被るその様相を捉えるのが、「社会的世界の構造分析」である。理念型・類型の親密性と匿名性に規定された内容充実性の濃淡が、意味構成とそれにより構造化される意味世界の諸相を規定する。

ここには、家族や友人等の親密な他者に関わる理念型・類型化に始まり、鉄道員や郵便局員等の匿名的な単なる合理的な役割遂行者から、更にもはや構成過程を追えない「民族」「国民」、「人工物」に至るまでの、親密性と匿名性を両極とした理念化・類型化のグラデーションが中間領域として開かれる。このグラデーションの中に、「現象学者・シュッツ」は、反ユダヤ主義者からすると、彼を「セム人種・シュッツ」にみたてる理念化・類型化の懸隔が横たわる。シュッツの意味構成論で示されるレリヴァントな理念化・類型化の遠近法は、ミクロ現象からマクロ現象までの包摂を可能にする。こうしたグラデーションを保証するシュッツ現象学は、エゴロジカルな出立点を取ることにより、可能になる。

さて、ヴェーバーの考えに否定的なミーゼスとケルゼンに反し、『構成』は彼の理解社会学方法論を主題とした。その意図は何にあったか、同書結論部の四九節をみてみよう。

ミーゼスは、社会事象の極端な個別化に向かうヴェーバーの理念型が「例外のない妥当性の要請」の「誤認」を帰結すると批判した。他方、ミーゼスの限界効用論は、消費者の個人的価値評価という主観的意味を出立点にしながら、同論の科学命題は「その前提条件が与えられる場合には、いつでもどこでも妥当する」匿名性の高い言明であるという。シュッツからすると、ミーゼスのこの見解は、消費行為の主観的意味（価値）という匿名性が低く内容充実性が高い極と科学命題の匿名性が高く内容充実性が低い極の中間領域に横たわるグラデーションの等閑視を、帰結する（『構成』：三三六ー七）。

他方、ケルゼンによると、ヴェーバーは、「『法学的』国家概念」から「『社会学的』国家概念」を区別し、法それ自体の「当為面」と法現象としての「存在面」を切り分け、「人間の事実上の行態を規定する表象の内実を成すところの観念的秩序」を「解釈図式」に、「一定の人々が、国家が——しかも規範的——法秩序として——存在するという表象にもとづいてかれらの動作を定位する限り、『国家』が存在する」とみなす点を批判した（Kelsen,1925:三二）。即ち、法は、その法支配への主観的意味が差し向けられる限り、正統化される事態は、ケルゼンからすると法存在に由来する「存在面」であり、この一面のみをもって「法」を基礎づける危うさを批判した。法は、被支配者たちの意識に「表象」される以前に、法的効力の及ぶ範囲で、誰にとっても適用される匿名的な強制力をもつ「当為」構築体として「根本的かつ第一次の概念」（Kelsen,1925:三四）であるというのが、ケルゼンの考えであった。この点にも、ミーゼスの場合と同じ問題が生じている。

ミーゼスの限界効用論は、消費行為の主観的意味から出立するにも拘らず、限界効用の匿名的な「普遍妥当性」（『構成』：三三八）に行き着く。ケルゼンは、法が、被支配者の主観的意味の在り様如何を問わず、匿名的な強制力を持つ客観的意味連関として厳存するというが、例えばカウフマンの研究に示される様に、裁判では訴えた者・訴えられた者双方の社会的行為の主観的意味が重要になる。この点で理解社会学は必要であるが、ケルゼンは、それを断罪した。シュッツはこれらの欠落を補うために、「社会的世界で生活している諸個人によって行われている意味解釈や意味措定の諸過程を記述すること」（『構成』：三四二）に論件を差し戻す。そして、社会的ウムヴェルトで得られる生き生きとした主観的意味連関を一つの極に、匿名性を含む同時代・過去の世界、未来の世界の他者に関わる客観的意味連関をもう一つの極に、両者の間で構成される理念化・類型化における親密性と匿名性、内容充実性の多様なグラテーションを捉える「社会的世界の構造分析」での意味構成の原理を、科学的な意味解釈や意味措定の次元に持ち出し、科学的理念化・類型化における主観的意味連関と客観的意味連関の間の遠近法により、件の欠落を埋め、折り合いの悪いヴェーバー・ケルゼン・ミーゼスの思索の連動を取り付けることに成功した。シュッツにとって、社会的現実の意味構成とプラーグマの自由こそが、ヴェーバーのいう社会的行為の主観的意味の問題系に収斂する。何故なら、民族帰属や言語の選択問題をつきつけられる人たちにとって、これらの選択の自由こそが必要不可欠だからである。『構成』の領域仮説は、この点に求められよう。

同様の点は、アドラーにも当てはまる。アドラーは、カントの認識論に依拠し、「意識一般」という超越論的次元の内に共同性がアプリオリに成立するが故に、他者は「直観」されるとした。それに対し、シュッツは、他者を、意識の時間構造に基礎づけ、そこから自己認識と他者認識の原理的相違を析出した。認識ではなく、知覚・意識の時間構造へと掘り下げる方法論の共有により、アドラーの議論は、現象学的マルクス主義への展開を準備する。更にアドラーとケルゼンの「平等と自由」という対立問題も、シュッツは自説を展開した（Schutz,1964）。シュッツは、諸々の考えを束ね、断絶に橋を架ける理論的センスを持っていたといえよう。

四　アメリカ亡命後のシュッツとその影響

一九三八年三月一二日。反ユダヤ主義者たちが歓迎したナチスのウィーン行進が、出張先パリでのシュッツの亡命を促した。翌年、勤務先のライトラー社のアメリカでの展開にあわせ、彼はニューヨークに渡った。この前年に、パーソンズの『社会的行為の構造』（一九三七）が刊行され、シュッツはその書評をハイエクから依頼された。この件で、一九四〇年四月から翌年四月二一日までの一年間、シュッツはパーソンズと文通したが、最終的にパーソンズはシュッツからの「議論への招待」を拒絶した（Wagner,1983: 一一七）。シュッツのアメリカは、失望に始まったが、一九三七年にアメリカで出会っていたフッサール研究者・M. ファーバーが「国際現象学会」の「創設委員」への協力をシュッツに仰いだ。会合は三九年一二月に、ヨーロッパ事情に詳しかったE. ジョンソンが周囲からの協力を得て移民研究者の受け皿として創設した「ニュースクール」で開催され、シュッツはアメリカ現象学者のサークルに加わった。ファーバーとの信頼関係により、一九四〇年代は、ハーバードのセミナーで英語の講義をし、アメリカ哲学会東部支部大会の「現象学シンポジウム」で研究発表をする一方、アメリカ社会学の研究成果を積極的に吸収していった。同化ユダヤ人亡命者・シュッツは、こうしてアメリカ社会に同化していき、一九四三年度から、ニュースクールの教壇に立った。

英語の運用能力と、新世界でも展開可能な研究対象がない場合、移民研究者のアメリカへの同化は困難になるが、アメリカでの現象学は少数派でありつつも、シュッツの周りにはR.ウィリアムスやM.ナタンソンといった優れたアメリカ人研究者が集まり、同国での現象学運動の端緒がつけられ、ウィーンでのそれと重なる研究環境が、ニューヨークに開かれた。一九四〇年代のシュッツは四四年「よそ者」、四五年「帰郷者」、四六年「博識の市民」と、自己経験を主題化した。その後、四七年夏にレリヴァンス概念を軸にした『構成』「第二部」の執筆始めたが、一九五三年に潰えた（Wagner, 1983: 一五四ff）。

四ー一 〈第一発見者〉としてのガーフィンケル ——一九四〇年代から一九五〇年代

第二次世界大戦終了後、冷戦が始まった一九四〇年代から一九五〇年代は、共通な価値規範に基づく安定した社会統合を指向するパーソンズの『社会体系論』が五一年に刊行されたが、この時期に学生運動と公民権運動の展開がみられ、異議申し立ての時代が始まった。五六年にナタンソンがミードの現象学的解釈を刊行した。五九年にミルズが『社会学的想像力』で「誇大理論」批判を展開し、それ以降のパーソンズ批判の端緒となった。シュッツ現象学との関連でより留意すべきは、一九四〇年に発表されたガーフィンケルの小説「カラートラブル」である。この小説は、バス内での黒人立入禁止エリアでの"Sit in"（「不法」占拠）を主題とした作品で、主人公カップルが排除されていく交渉過程を詳細に再現した。

一九五二年には、パーソンズの指導の下、ガーフィンケル[2]は博士論文「他者の知覚——社会秩序の研究」をハーバート大学に提出した。それに先立ち、一九四一年に決裂したパーソンズのところで学ぶ院生・ガーフィンケルから、一九四九年一二月五日付の手紙をシュッツは受け取った（浜一九九八：三七）。書面には、同博士論文執筆に際してグールヴィッチからシュッツに会うよう促された旨が記されていた。因みに一九五八年十月付シュッツからガーフィンケル宛の書簡が確認されており（水川一九九八：二〇七）、シュッツが他界する約半年前まで交流があった様である。ガーフィンケルに関しては、連続性と断絶を含むシュッツからの影響が指摘されてきたが、ガーフィンケルの鍵概念であるインデックスとコンテクストの関係構造は、グールヴィッチの現象学的知覚論の原理である「図と地」のゲシュタルト構造に適合的であると考えられる(2)。

既に十分な先行研究があるので（浜一九九二）（Psathas, 2009)、シュッツとガーフィンケル、そしてパーソンズ、三者間の理論的関係を簡潔に確認しよう。

ガーフィンケルによると、シュッツとパーソンズの相違点は、「現実」に関する「対応理論 correspondent theory」(Garfinkel,1952:95) と「一致理論 congruence theory」(Garfinkel,1952:96) に示される。パーソンズサイドの「対応理論」では、〈現実の対象〉は行為者に知覚された対象とはみなされず、逆にシュッツサイドの「一致理論」では、〈現実の対象〉は行為者に知覚された対象とみなされる。この相違は、科学的見地と行為者の見地、即ち社会的現実は科学研究者が前提にしている科学的合理性（科学的秩序）に従って客観的に構築されるのか、行為当事者が常識的合理性（常識的秩序）に従って主観的に構成されるのかの相違として示される。短絡的にいうと、前者は「科学的方法によって把握しうるものだけが現実である」となるが（Berger, 1963:二〇六）、例えば鉄道員が匿名的で合理的に役割を遂行する場合、当事者とその観察者の間で、常識的に推定される行為の合理性が、科学的に考えられる合理性に一致する時にのみ「対応説」は成立する。だが、この一致は必ずしも常に保証されない。ガーフィンケルの研究対象である「エスノメソッド（人々の方法）」のあり様は状況遇有的であり、"Sit in"の様に、この一致が意図的に破棄される場合もある。エスノメソドロジー（以下ＥＭと略記）は、各々の関心の下、そこにいる「メンバーたちの知識、スキル及び信憑」(Zimmerman,et. al,1970:94) に従い目的を達成するその仕方、やり方、方法が研究対象となる以上、ガーフィンケルは、「一致理論」の見地をとる。だが、シュッツにとって、この二つの区別は、主観的意味連関と客観的意味連関ないし前科学的な常識と科学（一次構成体と二次構築体）との関連に収まる論件である。それ故に、シュッツはガーフィンケルに対し、「君が対応理論および一致理論と呼ぶものの間にある基礎的な相違を、私は十分に把握していないことにも気づくべき」と一九五四年の書簡で諭した（Psathas,2009:406)。両者の対立点は、ガーフィンケルが前科学的な常識の世界と科学の世界、即ちシュッツ学問論の基礎を成す「一次構成体」と「二次構築体」の間の境界線を破棄して科学的思考も研究対象に含め、更に「社会科学自体には、事柄の性質上、いかなる直接的世界も与えられていない」（『構成』：三〇八）にも拘わらず、これも破棄して、科学者はウムヴェルトに降り立つ、と彼はみた。シュッツの文脈に即すと、これは、「科学者的な態度」の下での〈社会科学的観察者の定位〉（『構成』：三〇七）を破棄して、「ウムヴェルト的な他者の行動に対する観察者の定位」（『構成』：二三八）に基づく「社会関係のウムヴェルト的観察」（『構成』：二四二）を、「科学者的な態度」に移入する事態となる。この誤読は「対応理論」における後期ヴィットゲンシュタイン的な〈「科学的」直感〉への循環を帰結するが、以下ではこれをガーフィンケルのアプリオリとしよう。

ＥＭは、社会状況を「いわば〈内側〉から、つまりそこで生活している人びとにとってそれがあるがままに」理解すべく（Gouldner,1970:五二八）、そこで共有され自明視されている「意味の定義、事実、やり方、因果関係の織物」から成る「コンピタンス」を記述し、その人たちの方法を明らかにする点にある（Garfinkel,1967:77）。先の誤読の含意は、行為者個人ではなく、「専門職の社会学者を含むメンバーたち」（Garfinkel,1967:77）を研究領域に引き込み、研究者もメンバーシップを習得して社会的状況の内側から人々のやり方を直接観察する点に求められる。従って、この考えはシュッツがいう「行為者」を「メンバー」に、「行為の主観的意味世界」を「メンバーの意味世界」に置き換え、シュッツのいう主観的意味構成の論点を棄却し、「日常生活の諸活動の進行中の達成としての社会的事実の客観的現実性」の追求を「社会学のポリシー」とする強烈な方法論的リアリズムを帰結する（Garfinkel,1967:vii）。一九七〇年代から開始されるイマージョンによる彼のワーク研究は、その典型である。

四・二　〈第二発見者〉としての〈日常生活の社会学〉
——一九六〇年代から一九七〇年代

世界恐慌からニューディール期へ移行する一九六〇年代から七〇年代にかけては、公民権運動が継続する中、福祉国家へのシフト、ベトナム戦争、キューバ危機、核戦争の危機等の同時代的状況があった。福祉国家へのシフトは、教育・就労支援等、ジョンソン大統領が提唱した「貧困闘争」（一九六四）プログラムによる。朴（一九八九）によると、南部農場の機械化により、一九五〇年代以降、大量の黒人労働者層の、北部工業都市への移動に帰因する黒人層票田の確保のため、政権は貧困問題に着手した。これは経済問題に起因した移動だが、都市部ではスラムが形成された六〇年代に政治問題化し、公民権運動も、「政治的平等」から「社会・経済的平等」を求める運動に変容した（朴一九八九：八二）。この点で、六三年にベッカーが、五〇年代発表論文を軸に『アウトサイダーズ』を刊行したのは、象徴的である。同時期、シュッツの作品が三巻の『著作集』として刊行され、その全貌の一部が示された。そうした中で、先述の二人に加えてP.バーガー、T.ルックマンらアメリカ第二世代の現象学研究世代の研究成果が刊行された。この間の事情をみていこう。

四・二・一　現象学的知識社会学の展開
――アメリカ現象学的社会学第二世代の登場

一九六〇年代初頭から、六三年の『社会学への招待』を含め、バーガーの単著が三冊刊行され、アメリカ現象学的社会学第二世代の業績が登場した。そして六六年には、ルックマンとの共著で、現象学的知識社会学の集大成である『日常世界の構成』が刊行された。「現実は社会的に構成されており、知識社会学はこの構成が行われる過程を分析しなければならない」との見地から（Berger,et.al., 1966: 一）、シュッツ現象学を基底に据え、ゲーレンの人間論を起点に、ヨーロッパとアメリカの社会学を融合させ、アメリカナイズされた現象学的〈日常生活の社会学〉が登場した。同書は、科学は全知全能ではないが故、「〈観念〉よりも常識的な〈知識〉」即ち「人々がその日常生活で〈現実〉として〈知っている〉ところのもの」へ焦点を絞る必要を訴え、常識的知識の「網目」から構成される社会像を提示した（Berger, et.al., 1966: 二三-四）。常識／科学というシュッツ学問論の境界線を保持し、日常知に基づく現実構成に依拠するこの視座は、〈科学的観念としての社会〉という科学偏重主義の社会学を異化させ、〈人々が生きる日常的現実〉の構成を対象とする〈日常生活の社会学〉という新しい視座の知識社会学を誕生させた。バーガーらのいう日常世界は、パーソンズによる安定的局面を含みつつも、客観的現実と主観的現実のズレに起因する危機（Berger, et.al., 1966: 二二二ff）や、反ユダヤ主義の「悪しき信念bad faith」による共謀が図られる事態（Berger, 1963: 二〇六）が示される。

更に六七年には、バーガーの『聖なる天蓋』とルックマンの『見えない宗教』が刊行され、工業化社会に起因する疎外、不条理等の社会的拘束を巡る現象学的宗教論が展開された。

四・二・二　〈第三発見者〉としてのParsons批判
――パーソンズ理論の「翳り」の照射

一九六〇年代の日常性に踏み込む現象学的知識社会学の展開を享けて七〇年代に入ると、「ラディカル社会学運動」が台頭し、福祉国家政策としての「貧困戦争」の下での研究費配分問題が、社会科学研究の変容を促した。国家（政府）は、「所有制度」という根本原因に抵触しない「分配装置を調節」する課題解決のために、「応用社会科学に対する需要」を増大させた（Gouldner,1970: 四六七）。それを象徴するのが、「第二次世界大戦後のパーソンズ学派の福祉国家への順応」（Gouldner,1970: 四六五）であろう。

この時期の現象学的社会理論は、『構成』二部の未公開草稿の刊行が始まり、第三世代のR. ゼイナー、R. グラトフらの現象学的社会理論研究やアンソロジー集の刊行が続いた。

ミルズのパーソンズ批判を享け、一九七〇年にグールドナーの「社会学の社会学」が登場した。これは、ある社会学理論が、ある社会学者により、如何なる利害関心の下、研究対象を選択し、如何なる方法論に依拠して何を論じるのか。その社会学的思考の下部構造を為す「領域仮説」に社会学的分析を差し向ける〈もう一つの新たな知識社会学〉であり、それは、科学的思考の前提を問う点で、現象学的な展開でもある。

七〇年代は、現象学的社会理論をはじめ、エスノメソドロジー、シンボリック相互作用論、ゴッフマンのドラマトゥルギカルアプローチ等による社会病理研究や社会福祉問題等、五〇年代から続く社会問題に接近した〈日常世界の社会学〉の業績が積み上げられた。ダグラス編（一九七〇）は、その集大成である。同書には、今日では厳密に切り分けられるこれらの各方法論が、渾然一体となっている点に、特徴がある。中流階級のノーマルな常識とは異質な複数の「常識」から社会的現実が構成される諸位相を、行為の主観的意味の理解に止まらず、その背景にある状況・場面の中に埋め込まれたもの、即ち「状況の定義」のインデックス性とそのコンテクスト、あるいはコミュニケーションを成立させるその場のセッティングや規則等の構造的要因等を踏まえ、個々の社会的状況・場面の成立如何を問う相互作用論が展開され、人々の常識的知識を前提にしたバーガーらの〈日常生活の社会学〉の視座が拡張された。取り分け人々の行為・言動のみならず、その状況・場面の直接観察がフィールドワークの一環に組み込まれた。これは、その延長線上で科学的観察に到達するシュッツのウムヴェルト的観察の方法論化といえよう。

上記の様に概略されるダグラスたちの共同戦線は、現象学的知識社会学を超えて、貧困をフィルターに浮かび上がった多様な日常世界の、複雑な社会的現実を前にした七〇年代流の〈日常生活の社会学〉に到達した。その視線は、世紀末ウィーンの〈目には見えない主観的にしか検証できないものの領域〉への直感に基づく探求の、アメリカ版ともいえる。

ここからは、パーソンズ社会学が覆い隠していた社会的局面の照射がみられる。

四・二・三 〈違背実験の諸現実〉と〈layman 社会学〉——社会的拘束と現象学的社会理論の視座

ダグラスたちの展開は、「この世界のうちには本質的な調和の約束などは存在せず、むしろ固有な非調和が存在するだけ」(Gouldner,1970:五二三)とみる領域仮説を定式化した。これは、パーソンズのいう共通な価値規範による社会統合の棄却を意味する。問題の所在は、日常生活を送る人たちの、常識的で自明な日常生活のあり様とそこに生起する諸問題である。グールドナーは、ガーフィンケルとゴフマンが「危機的な出来事とかドラマティックな公的な出来事とかに焦点を絞るのではなく、日常生活やルーティン的な活動に重点をおく」点で、研究対象を共有しあうと指摘する(Gouldner,1970:五二八)。両者は、社会的世界が、「聖的な色彩を帯びた道徳」ではなく、社会の底辺に押しやられた人たちの自明な日常性の中に横たわる「もっとも世俗的で〈平凡な〉事柄に関する暗黙の了解事項」(Gouldner,1970:五二八)の記述と、それに基づく相互行為場面(相互行為秩序)の解明に向かった。

他方で、グールドナーは、両者の相違を「ゴフマンの〈道徳性の商人〉」とガーフィンケルの「方法論は強度な一元論的ベクトル」(Gouldner,1970:五二八)にみる。最後に、この点を掘り下げよう。

グールドナーは、ゴフマンを、社会的現実の内にある「すべての矛盾、対立は、外観を操作することで、解くことができる」(Gouldner,1970:五二四)と評する。だが、この指摘は、例えばスティグマ故に〈やられてしまう側〉がそれを回避するために必須のパッシングである点をみおとす。ところで、パッシングは顔や表情の印象操作だけに限らず、性転換者・アグネスの様に、嘘をつく場合もある。これらが過度になると、それはバーガーのいうドラマティズムとしての「悪しき信念」や自己欺瞞に通じる途が開かれてくる。

他方、ガーフィンケルの「強度な一元論的ベクトル」には如何なる含意があるのか。まず、彼は自明性への着眼から、それを破棄する仕方を方法論化させる。

「ガーフィンケルは社会的世界の真に重要な部分を視えざるものとして、つまり余りにもよく知られているため、自明視され、人々の注目をひかない世界、として捉えられている。ガーフィンケルが自らに設定している課題はこの自明性をうち破ることであり、文化的基礎からその不可視性の外被を剥ぎとることである」（Gouldner,1970: 五三一）。

この自明性を意図的に撹乱させ、自明視されているものの視えにくさを「客観的現実」として析出させるのが、違背実験である。同実験は、自明性を容易に可視化させる場合もあるが、「医学校にせ面接実験」（Garfinkel,1952:96ff）では、逆に社会秩序が容易には破綻しないことも明らかになった。

自明性の破棄から如何なる事態が創発するのか。グールドナーはそれを「ハプニング」に譬え、そこには「ルーティンの流れを停止させること、つまり世界と時間をストップさせる」動機があるという（Gouldner,1970:五三三）。これを字義通りに受け取るなら、時間が止まる以上、「ハプニング」と違背実験は、トラブルも含め、〈生きられた現象学的還元〉と同じ位相の事態といえよう。というのも、時間の停止は、それが停止させられた瞬間の世界体験についての意識作用が、時間の停止から開かれる知覚意識の根源に遡る省察を生ぜしめるからである。ガーフィンケルは、実験として違背行為を院生や学生に実行させたが、こうした現実の中に、常に既に、投げ出されている人たちがいるとしたら、それは、私たちにとって平和裏に視える現実が、誰かにとっての〈生きられた違背実験〉の社会的現実になる場合が考えられる。違背実験を「小規模ながら現状との一種の対決行為」「暴力を用いない現状への抵抗」（Gouldner,1970:五三四）とグールドナーは換言したが、「カラートラブル」の女性主人公は、意図的に"Sit in"に出た。人間には行為の自由freedomがあるからである。これは自発的な「違背実験」の自己執行である。だが、〈対抗できない〉〈抵抗できない〉場合は、更に〈視えない苦境〉が続くことになる。

更に〈違背実験〉の発生を目撃させられた者たちの時間も停止する。『カラートラブル』では、当事者となったスタッフとカップルだけでなく、嫌な感じにさせられる一般乗客の視線、最期に「倒れた」女性主人公を助け出そうとして止められた男性乗客の姿も描かれた。これらは、「違背実験」の現実を生きることの生きづらさのみならず、ルーティンや時間の流れを止め、自明性の「不可視性の外被を剥ぎとること」に、どれだけのストレスがかかるのかをも示していよう。恐らくそれらの視線の先に眼差したのは、"Sit in"に出ざるを得ない黒人差別を捏造し続ける州法への不満ではないか。

ガーフィンケルとゴフマンの間には、〈やられてしまう側〉の回避戦略の視線と、〈やってしまう側〉には視えていないその手口を、〈やられてしまう側〉の現実体験から暴露させ相対化させる視線の、相違があるといえよう。だが、それらは事態を相対化させる視線である。

『カラートラブル』の〈生きられた違背実験〉の現実は、ウィーンでの反ユダヤ主義者たちの思想と行動にも該当しよう。そうした現実を相対化させる方法論ないし観方として、シュッツは「よそ者の客観性」と「博識の市民」を示した。だが、いつ襲いかかってくるかもしれない、あるいは常に襲われ続けている〈違背実験の現実〉を生きる人たちにとって、時代や状況の危機を読み取る仕方を鍛え、どうするかをプラグマティックに考えていたウィーンのユダヤ人たちと同様に、それらを相対化させる思考手続きとして、現象学的思惟を自己執行して状況を読み解く観方、ＥＭの視線による暴き方、あるいはゴフマンが描いたパッシングは、状況を全面的に打開するのではないとしても、そうした苦境を生き抜く術になるのではないか。そしてシュッツから継承した現象学的知見を敢えて反転させたガーフィンケルの掟破りの「強度な一元論的ベクトル」の意義も、社会的拘束を「客観的現実」として相対化させる点にあるのではないか。そしてこの視線は、〈layman社会学〉、〈生きられる社会学〉という素人のDoing Sociologyの視点を拓くものとなる。

「この意味において、人間は誰でもそれぞれ、必然的に、自分自身が社会学者であり、日常生活とは、それをうまく実践しようとする人たちのエキスパートな知識を手に入れるためdemandingの、諸々の事実・アイデア・理論・イデオロギー・そして哲学から成る究極の複合的な苗床an complex setである」(Dougras,1970:vii)。

近年、着手された「当事者研究」は、〈layman社会学〉の新展開であろう。ユダヤ人と黒人の差別の現実と共に歩んできた背景からみた時、現象学的社会理論は、社会的拘束下を生きる時の社会理論ということになるのだろう。

おわりに

本稿ではウィーン時代のシュッツ現象学の展開と成立を追ってきたが、それはユダヤ人ないしユダヤ社会の利害状況が領域仮説となった面を引き出す心算であった。それは社会的拘束下に、「実際、どうするのか」というプラーグマと主観的意味構成の自由の問題として示される。そしてこの現象学的視座は、アメリカ社会において、黒人問題をはじめとする民族問題を主題化させたユダヤ人青年・ガーフィンケルに発見され、更にこの視座は、アメリカ社会の底辺部に追いやられた人たちへの関心とともに、〈日常世界の社会学〉として彫琢され、一九七〇年のダグラスたちの業績に至った。社会的行為の主観的意味構成を主題とするシュッツ現象学は、バーガーとルックマンによりアメリカナイズされて「日常生活の社会学」となり、更にそれは、福祉国家政策や公民権運動の文脈の中で、社会問題研究の一方法論として、考えられるようになった。日常生活に支障なく生きられる人たちに、こうした現象学的思惟は余り必要ないかもしれない。だが、そうではない〈やられてしまう側〉からすると、あるいはそのサイドの社会的現実を主題とする研究（者）にとって、現象学的な視座は、依然として有効であり、必須である側面があるのではないか。この点は、多様性が求められる今日、性的少数者の問題にシュッツ理論で切り込む松浦の研究（二〇二二）に、引き継がれている。

註

（1）ウィーン時代のシュッツに関しては小川（一九九一）を嚆矢にTada（二〇二三）の、更に彼のニューヨーク時代も含めた森の優れた業績がある（一九九五）。本稿は、森の研究に大きな示唆を得た。尚、訳文で筆者が補った箇所は［］で示した。訳文は必ずしも邦訳とは一致しない。

（2）エスノメソドロジーに関しては、山田富秋氏（松山大学）から知的供与を頂いた。ガーフィンケルとグールヴィッチの関係は、筆者の今後の課題である。

引用文献

Adler.M., 1904.," Kausalitate und Teleologie im Streit um die Wissenschaft" .（福田二郎訳、一九三二『マルキシズム方法論』改造出版）

Adler.M., 1925., *Kant und der Marxismus, Gesammelte Aufsatze zur Erkentnniskritik und Theorie des Sozialen.*（井原糺訳、一九三一『カントとマルキシズム方法論』春秋社版）

Berger, P., 1963, *Introduction to Sociology.*, Doubleday.（水野節夫・村山研一訳、一九七九『社会学への招待』思索社）

Berger, P.,& Luckmann, T.,1967, *Social Construction of Reality : A Treaties of the Social Knowledge.*, Doubleday.（山口節郎訳、一九七七『日常世界の構成』新曜社）

Brodersen, A., ed., 1964, *Collected Papers II, Studies in Social Theory*, Nijhoff（渡部光他訳、一九九一『アルフレッド・シュッツ著作集第3巻　社会理論の研究』マルジュ社）

Dougras, J.D., 1970, "Preface" , in Dougras, J.D.ed.,

Understanding Everyday Life, RKP

Garfinkel, H., 1940, "Color Trouble", Opportunity.（秋吉美都訳、一九九八「カラートラブル」「カラートラブル」、山田富秋・好井裕明編『エスノメソドロジーの想像力』せりか書房所収）

Garfinkel,H., 1952, The Perception of the Others : A Study in Social Order, Ph.D.dissertation, Harvard University

Garfinkel, H., 1967, *Studies in Ethnomethodology*., Prentice-Hall.

Gouldner, A.W., 1970, *The Coming Crisis of Western Sociology*., Basic Book.（岡田直之他訳、一九七八年『社会学の再生を求めて』新曜社）

Kelsen,H.,1925, *Allgemeine Staatslehre*.（清宮四郎訳、一九三六『一般国家学』岩波書店）

岸川富士夫、二〇二〇「M.アドラーとR.シュタムラー社会科学認識論批判」『名城論叢』第二〇巻四号

浜日出夫、一九九二「現象学的社会学からエスノメソドロジーへ」、好井裕明編『エスノメソドロジーの現実』世界思想社、所収

浜日出夫、一九九八「エスノメソドロジーの原風景――ガーフィンケルの短編小説「カラートラブル」山田富秋・好井裕明編『エスノメソドロジーの想像力』せりか書房、所収

Hughes, S., 1958, *Consciousness and Society : The Reconstruction of European Social Thought 1890-1930*, Alfred A. Knopf（生松敬三・荒川幾男訳、一九七〇『意識と社会――ヨーロッパ社会思想 1890-1930』みすず書房）

Jhonston. W. M., 1972, *The Austrian Mind : An Intellectual and Social History 1848-1938*., University of California Press.（井上修一・岩切正介・林部圭一訳、一九八六、『ウィーン精神I――ハープスブルク帝国の思想と社会　一八四八―一九三八』みすず書房）

水川喜文、一九九二「エスノメソドロジーの歴史的展開」、好井裕明編『エスノメソドロジーの現実』世界思想社、所収

森元孝、一九九五『アルフレート・シュッツのウィーン――社会科学の自由主義的転換の構想とその時代』新評論

松浦優、二〇二三「抹消の現象学的社会学――類型化されないことをともなう周縁化について」『社会学評論』第七四巻一号、日本社会学会

Nasu,H., Embree,L., Psathas,G. Srubar,I., Eds., 2009, *Alfred Schutz and his Intellectual Partner*., UVK Veragesgesellschaft.

Natanson, M., ed., 1962, *Collected Papers I: The Problem of Social Reality*., Nijhoff.（渡部光他訳，一九九一『アルフレッド・シュッツ著作集第一巻　社会的現実の問題［1］』マルジュ社）.

野村真理、一九九九『ウィーンのユダヤ人――一九世紀末からホロコースト前夜まで』御茶ノ水書房

小川英司、一九九一「シュッツと経済学者たち――ひとつの思想的背景としてのオーストリア学派」、西原和久編『現象学的社会学の展開――A・シュッツ継承へ向けて』青土社、所収

朴光駿、一九八九「一九六〇年代におけるアメリカの貧困政策――『貧困戦争』を中心に」『仏教大学大学院研究紀要』第17号、仏教大学大学院

Schütz, A.,1932, *Der sinnhafte Aufbau der sozialen Welt*. Shurkamp（佐藤嘉一訳、一九八二『社会的行為の意味構成』木鐸社）.

Tada Mitsuhiro., 2023, *Alfred Schutz on race, Langage, and Subjectivity : A Viennsese Jewish Sociologist's Lifeworld and Phenomenological Sociology within Transition from Multinational Europire to Nation-State*.『人文科学論叢』第四号、熊本大学大学院人文科学研究部（文系）

Wagner, R.H., 1983, *Alfred Schutz : An Intellectual Biography*.（佐藤嘉一他訳、二〇一八『アルフレッド・シュッツ』明石書房）

山田富秋、一九九八「エスノメソドロジーの現在」山田富秋・好井裕明編『エスノメソドロジーの想像力』せりか書房、所収

Zimmerman, D.N. and Pollner, M., 1970, " The Everyday World as a Phenomenon"., in Douglas, J.D. ed., *Understanding Everyday Life*, RKP.

（なかむら　ぶんや・山口県立大学教授）

特集　学説史を通じて「社会学」とは何だったのかを問うⅡ―一九二〇～六〇年代 諸理論パラダイムの形成―

激動期におけるパーソンズの理論展開

――秩序の枠組としての文化の不変的な位置づけ――

白石哲郎

一　本稿の目的

T・パーソンズの主意主義的および機能主義的なパラダイムは、社会秩序の問題に傾注する透徹した姿勢が我々にその特異性を印象づける。ただ、大恐慌の襲来、ファシズムの跳梁、第二次世界大戦の勃発といった一連の危機に促拍された激動期の産物という点では、A・シュッツの現象学的社会学やフランクフルト学派の批判理論等、同時代の競合的な諸パラダイムと通底している。

本稿では、いずれも「危機の時代」と総称しうる世界の資本主義秩序と民主主義秩序が大きく揺らいだ一九二〇年代後半から四〇年代前半までの情勢や、反体制運動が興隆し、人種問題や大学問題などが噴出した六〇年代の情勢と関連づけながら、前期から中期にかけてのパーソンズ社会学の展開を文化の不変的位置性という見地に立って論考する。主意主義～構造機能主義～独自の新進化主義という理論的水準の移行が、同時代的な背景の影響下で生起したパーソンズ自身のいかなる関心や問題意識と関係していたのか、また、どの時点の概念図式においても、「秩序の枠組」という特別な位置が文化に与えられたのは何故なのか、これらを示すことが本稿の目的である。

二　前期のパーソンズ社会学（主意主義的行為理論）：「秩序の枠組」としての共通価値の確証

二―一　主意主義的行為理論の要訣：ホッブズ的秩序問題の解

パーソンズの前期の代表作として知られるのは『社会的行為の構造』（一九三七年）である。同著でパーソンズは、行為者の意志や努力、文化的すなわち道徳的・規範的な要素が行為過程において果たす役割を強調する「主意主義的行為理論」を提起した。この段階で、彼の社会学の根幹をなす「文化による社会統合」という視点が、当時の逼迫した情勢下で示されたことは注目に値する。

パーソンズは功利主義的行為理論、実証主義的行為理論、理想主義的行為理論という社会科学の伝統的な潮流から、A・マーシャル、V・パレート、E・デュルケム、M・ウェーバーを取りあげ、四人とも後期に向かうにつれて、主意主義的（voluntaristic）と呼ぶほかない新しい行為理論の立場に接近していったとみなしている。所謂「ホッブズ的秩序問題（Hobbesian problem of order）」に対する処方箋として構想された主意主義的行為理論は、行為者の主観的な意志を前提としつつも、近代社会が孕む「潜在的な敵対関係を緩和し、相互の対立と破滅よりも相互の利益と平和的協同とを促進するような」（Parsons 1937b＝一九八二：二一）社会統合のための適切な基盤を重要視する。それがなければ「戦争状態（万人の万人に対する闘争）」を招来させかねない社会統合のための適切な基盤である「秩序の枠組」（Parsons 1937b）を根底に据える前期のパーソンズ社会学は、マーシャルとは違って、かかる枠組を軽視あるいは無視するH・スペンサーの功利主義の克服に動機づけられている。

パーソンズは、ウェーバーの理想主義的行為理論とデュルケムの実証主義的行為理論を補完的に総合することで、自身の行為理論を構築したとされる。両者の社会学が「主意主義的行為理論の形成にとって決定的な影響を与えるものであり、その基礎をなすものであった」（油井 一九九五：一一五）ことは疑いようのない事実である。ただ、パーソンズによる学説史的な検討が理論変遷の跡づけ（理想主義／実証主義から主意主義への収斂）に注力しているように、厳密に言えば、彼の行為理論の立場は、ウェーバーとデュルケムが後期の宗教研究の文脈で示した「主意主義的視座」を補完的に総合することによって確立されたとみなすのが妥当であろう。

パーソンズの主意主義的行為理論は、基本的な部分においてウェーバーの主意主義から多大な影響を受けている。それは第一に、人間の行為には主観的側面が存在するという視座、第二に、価値ないし理念といった行為の観念的要因について、一定の生活態度を合目的的な手段として諸個人に取らせ、体系的・持続的・合理的に組織化させる規範的要素（目的－手段連関を規定する内在的な行為の選択基準）とみなす視座、[1]第三に、そのような観念的要因と環境的要因との相互作用――宗教的理念が「合理化（Rationalisierung）」をある方向に向かって展開させていく際、それ単体としてではなく「他の独立した諸要因と複雑な相互関係を形成している」（Parsons 1937c＝一九八九：六八）――という反流出論的視座を特長とする。さらに強調すべきなのは、主意主義的行為理論が、本質的な核となる部分において「デュルケムの主意主義への接近を中心に展開され」（宇賀 一九九〇：一五八）ていることである。

デュルケムの主意主義とは、シンボリズムを介して共有されることで諸成員を結束させて同じ方向に向かわせる「究極―価値態度、すなわち社会構造と連帯性の基盤をなす感情」（Parsons 1937b＝一九八二：一九一）として、集合表象を「いかなる共同体にとっても必要不可欠な特性」（Parsons 1937b＝一九八二：一二九）ととらえる視座である。パーソンズは行為に対する拘束性において、「社会生活における道徳的要素」に「意味変化」が生じた点に、つまり、調和的な協同として分業を規制する諸準則（契約における非契約的要素）と同様の「外在的拘束条件（諸成員から客体化された共通の価値体系）」からエートス的性質を有する「内在的拘束条件（諸成員に内面化された共通の価値体系）」に集合表象が再定位された点に、実証主義から主意主義へのデュルケム社会学の接近を読み取っている。パーソンズが後期のデュルケムから継受した真理は、秩序にかんする「問題の解決は、……共通の価値体系――それは制度的規範の正当性、行為の共通の究極的目的、儀礼、その他さまざまなかたちで表出される――との関わりで諸個人が統合されているという共通の事実を指示している」（Parsons 1937c＝一九八九：一九〇）ことであった。ここからパーソンズは、「共通価値による統合（common value integration）」の視座に立つことで主意主義的行為理論の本質的な核となるホッブズ的秩序問題の解を導き出したのである。

それはつぎのような理路として示される。人びとは社会的規範という性格を帯びる共通価値をつうじて互いの存在に配慮しあうようになる。このことによって、個々別々に追求されていた目的のあいだに連関性が生じ、目的定立に際しての社会関係性も担保される。そして「行為の共通の究極的目的」の達成へ向けて人びとが協同するようになる結果、功利主義において前提をなす「能率の合理的規範」のもとでは利益追求の一手段にすぎない「暴力と欺瞞の行使も制約され、戦争状態は回避される。こうして秩序の存在が弁証され、ホッブズ問題は解決される」（厚東 一九八〇：八〇）。このようにパーソンズにとって、規範や価値を社会関係レベルの秩序性の枠内（複数の個人のあいだに連帯感を創出し、社会の統一性を確保する）でとらえるデュルケムの社会学は、規範や価値を個人行為レベルの秩序性の枠内（個人の生活態度を首尾一貫して合目的的に組織化する）でとらえるウェーバーの社会学以上に示唆に富むものであった。

パーソンズの主意主義的行為理論が、ウェーバー社会学とデュルケム社会学の総合の帰結であるという根拠はいかなる点にみいだせるであろうか。「秩序の枠組」として規範が十全に機能するためには、多くの成員に内面化されることで主体的な協同を促す「共有された道徳的価値」でなければならない。規範が諸成員に分かち持たれ、共通価値の水準に至る過程にかんして、パーソンズは宗教的経済倫理による脱呪術化ないし世界の合理化の議論でウェーバーが重視した「現世の合理的改造」に顕著な行為者の主体性を、デュルケムが重視した集合表象の道徳性（社会的な連帯の創出）にひきつけ、このような性質を内包した規範にコミットしようとする意欲へと止揚させることで動的なものとして把捉したと言える。デュルケムの場合、宗教的儀礼の場で目に入る「トーテム的記号（徽章）」（Durkheim 1912）などの神聖なシンボリズムから否応なく諸成員に喚起されることによって実現する過程として、道徳的価値の共有化を半ば静的にとらえるきらいがある。主意主義的とみなせる行為の第一義的要素は、外在的な環境からの影響を受けながらも、規範に同調しようと努める行為者自身の意志の力にほかならない。

「パーソンズの主意主義は、道徳的規範に特別の位置を与えようとする努力であり、それと同時に、これまで道徳的規範がその中に投げこまれてきた決定論的枠組を拒否する努力でもある」（Gouldner 1970＝一九七八：二五七）と言えるのは、そうした規範が、所与の経済的下部構造によってあらかじめ決定されているのではなく、諸成員の意志（感情、信念、動機）にもとづく自発的で協調的なコミットメントという社会的行為によって創発されるものだからである。例えばパーソンズは、ある行為要素が規範的たりうる条件にかんして、「（一）集合体の成員にとってか、（二）集合体の成員の一部にとってか、あるいはまた、（三）ひとつの単位としての集合体にとって目的そのものである（他の目的のための手段という位置にあってもよい）ということが、一人あるいはそれ以上の行為者の感情となっているか、あるいはそうした感情を内含しているとみなされる場合」（Parsons 1937a＝一九七六：一二〇）をあげる。これは共通価値が、それに同調し、関与していくこと自体を当為（Sollen）のごとき目的とみなす人びとの意志によって可能になるという側面を示唆している。

二‐二 前期パーソンズの問題意識とその背景要因

前述したように、主意主義的行為理論はホッブズ的秩序問題に対する処方箋として構想されたが、パーソンズ「自身の理論的『離陸』の焦点をなす……社会秩序の基礎にかんする問題」（Parsons 1961a:336）意識――社会契約にもとづく強力な国家的統制とは異なる秩序の確証を得ることで、功利主義の陥穽を克服しなければならない――の背景要因として大きなウエイトを占めているのは、ロシア革命と大恐慌という二度にわたる「資本主義の危機」である。いずれの出来事も、パーソンズに強い危機感を抱かせ、彼の父親も含む社会福音運動家やその系統に属する社会科学者達から受け継いだ秩序への問題意識[2]をより確固たるものにした。

史上初の社会主義国家樹立につながったロシア革命は、反資本主義、反帝国主義の思潮を生み、世界中にその衝撃と影響が波及した。ヨーロッパ諸国では共産党の組織化が進み、労働運動や革命の再現をめざす社会主義運動が高揚した。ただ、これらの趨勢は、対内的には革命派と反革命派の紛争、対外的にはソビエト政権打倒を企図した資本主義列強による武力干渉といった反動を不可避的にともなうものであった。急進的な変革運動が孕むリスクの顕在化――大儀に賛同しない者に対する強制（coercion）、反革命勢力との戦争状態――は、「リヴァイアサン」（ホッブズ）のごとき国家による強権的な統治ではなく、市民による自発的な連帯にもとづく「正常に安定した社会」（Parsons 1951＝一九七四：五一九）の普遍的意義をパーソンズに実感させた。社会主義系の組織（League for Industrial Democracy）に所属していた学生時代、彼はロシア革命を熱烈に支持した。それにもかかわらず、公民的道徳を重んじる共和主義者のデュルケムの社会学にホッブズ的秩序問題の突破口をみいだすに至ったのは、革命によってもたらされた葛藤や対立がそれだけ深刻なものだったためである。世界の資本主義序秩序に危機的な動揺を引き起こした一連の事象が、「社会の秩序はいかにして可能か」というパーソンズ畢生の問題意識の原点にあることは、「ロシア革命と共産党によって統制された最初の社会主義国家の出現は、学生時代から私の思考にとって、きわめて重要なものであった」（Parsons 1977:29）との発言からも裏づけられる。

大恐慌の場合、ホッブズ的秩序問題こそ焦眉の学問的課題であるとパーソンズが認識するのに、十分すぎるほど深刻な影響を彼の祖国におよぼした。所謂「暗黒の日曜日」と称されるウォール街での株価大暴落に端を発する資本主義大国アメリカが陥った経済破綻は、社会的な混乱と無秩序を招来させた。約九〇〇〇件におよぶ銀行閉鎖と一〇万社を超える企業倒産にともなう一三〇〇万人の失業、フーヴァー村（Hooverville）に象徴される貧困、自殺の増加、商店への襲撃などの暴動、失業者のデモ隊と警察・軍との流血の衝突といった惨状は、パーソンズにとって進化論的功利主義の限界、すなわち「進化の原理と名付けた……自らの神に裏切られた」（Parsons 1937a＝一九七六：一七）スペンサーの「死」にほかならなかった。一九三〇年代のアメリカ社会が直面したアノミー状態は、「秩序の枠組」がいかに重要であるかを当時のパーソンズに肌で感じさせた。かくして彼の関心は、そのような枠組としての共通価値を基軸とする社会学理論に注がれるようになり、行為における規範的要素の重要性について理解していたパレートやウェーバーの理論を、かかる要素の本質（社会的連帯の基盤）について洞察したデュルケムの理論に結びつけることによって、主意主義的行為理論の構想というかたちで結実に至ったのである。

前期のパーソンズ社会学の実りある成果として、同理論を構想した『社会的行為の構造』では、ホッブズ的秩序問題の解決に須要な共通価値＝規範的文化の存在が確証された。しかしながら、その確証を得るための学説史的検討に紙幅の大半が割かれたために、「共通価値による統合という属性によって理解することのできる社会的行為体系にかんする分析的理論」（Parsons 1937c＝一九八九：一九一）の具体的全体像は示されなかった。文化を社会統合の核に据えるパーソンズ独自の社会学理論の形成は、五〇年代まで待たなければならなかった。

三　中期のパーソンズ社会学（構造機能主義）
――行為を基軸に据えた文化理論としての本性

三－一　主意主義から構造機能主義へ
――理論的水準の移行が生じた時代背景

一九四〇年代中盤以降、パーソンズは「社会システムの構造機能分析――動機づけやそれと文化パターンとの関係といった関連する問題群も含めて――を理論的に精緻化し洗練する」（Parsons 1949＝一九七六：九）ことに軸足を移すようになる。主意主義から構造機能主義への理論的水準の移行は、ハーバード大学講師時代の同僚（A・R・ラドクリフ＝ブラウンに師事したW・L・ウォーナーら）との交流や、教授就任後の社会関係学科を拠点にした共同研究（心理学者のG・W・オールポート、H・A・マレイ、E・C・トールマン、文化人類学者のC・クラックホーン、社会学者のS・A・ストウファー、E・A・シルズらが参加）の中で生じたものであった。とくに二年間におよぶ社会関係学科での学際性豊かな共同研究は、『行為の総合理論をめざして』（一九五一年）の上梓というかたちで実を結び、同著では、社会科学一般に適用可能な概念図式や分析枠組が提起された。

パーソンズ自身の理論展開にとって大きな分岐点となった共同研究のアクチュアルな背景として、一九三〇年代から四〇年代前半にかけて世界を覆った「民主主義の危機」とこれによって惹起された「科学の危機」があげられる。アメリカの経済破綻が引き金となって世界的な大不況が発生し、その影響を大きく被った国家ではファシズムが台頭した（一九三三年にヒトラー政権が樹立し、三五年にはムッソーリニ政権下のイタリアがエチオピアを侵攻）。緊迫した国際情勢下にあって、R・S・リンドは『何のための知識か』（一九三九年）の中で「現代は社会科学にとって危機的な時代である」（Lynd 1939＝一九七九：八）と言明した。社会科学に向けられた懐疑と無力感は、第二次世界大戦の勃発によっていっそう増大し、危機の時代に対処するための取り組みが求められるようになる。人類学者のR・リントンは、そのような「実践的要求に応えるべく、専門諸科学の共同化を意図した試み」（油井一九九五：一〇九）として『世界危機における人間科学』（一九四四年）を複数の社会科学者と共に刊行した。かかる試みにも参加した欧米の人類学者達は、戦争終結後の新しい世界秩序において、人類学が実践的な貢献を果たすと信じていた（池田一九九六）。

同時期、パーソンズと同僚達も大学、軍・政府機関で連合国支援のための学際的な調査研究や教育活動に従事し、各々が危機の時代に立ち向かっていた。例えば、学内におけるパーソンズの反ファシズム活動を象徴するものとして、「アメリカ防衛ハーバード・グループ」（支配地域を急速に拡大するナチスに危機感を募らせていたハーバード大学の教職員が中心となって結成された組織）での様々な取り組みがあげられる。同グループの運営委員であったパーソンズは同僚達との学科の壁を越えた討論に臨み、敵国ドイツの社会構造や日本人論などにかんする覚書を執筆したほか、四二年には、亡命オランダ人が結成した機関（Netherlands Information Office）の依頼を受け、ナチスに占領されたヨーロッパ諸国にかんする大規模な研究集団の組織化に努めた（高城 一九九二）。

一介の社会科学者としてファシズムの脅威に立ち向かった経験は、科学の危機の克服、すなわち民主主義的な世界秩序に寄与しうる知識の創出のためには、分野横断的な共同研究とそれを可能にする組織が必要不可欠であることをパーソンズ達に確信させた。多くの学生が復員し、戦後世界の民主化に資する人材の育成とそのための学問的再編という課題をかかえて再出発したハーバード大学で、社会学、社会人類学、社会心理学、臨床心理学の統合がはかられ、四六年に社会関係学科が創設された。同学科は、パーソンズらが戦時下で抱いた信念を具現化した組織としての側面を持つ。学科長のパーソンズによって主導された「専門諸科学の共同化」のプロジェクトは多くの学部や研究所をまきこみ、さながら「統一社会科学運動」とも呼べる広範な展開をみせた（高城 一九九二）。これは、「いかにして戦後の世界平和に社会科学は貢献できるか」という問題意識がパーソンズ以外の研究者達のあいだでも共有されていたことを物語っている。例えば、パーソンズの同僚であるオールポートは、国家的侵略や民族的抑圧に抗するために、また平和研究および平和教育の前進のために、社会科学者の国際的な協力と連帯を呼びかける声明――「ユネスコの八人の科学者アピール：平和のために社会科学者はかく訴える」――を四八年に発表している。

心理学、社会学、人類学の共同研究は、人間・社会・文化の三つの要素の相互作用という独自の観点から社会現象を把握する、「社会諸科学における、一つの総合的な理論」（Parsons and Shils eds. 1951＝一九六〇：三）の新たな可能性を切り開いた。このときパーソンズらの念頭に置かれていたのは、民主主義の原則を体現するパーソナリティの社会的統合、つまり自由な個人と一定の拘束力を持つ社会とのあいだに横たわる、本質的緊張の解決という問題であった（千石 一九九九）。この問題を解決する手段として「役割」の概念が導入された。つまり諸個人は然るべき役割の相互的遂行をとおして、システムである社会のもとに成員として統合される。この過程において、システム内の役割期待に対して諸個人を強制的にではなく、自己の意志で同調させる動機づけを担うものとして重視されたのは、主意主義的行為理論の中でパーソンズが「共通価値」と言表した文化――共有された道徳的規範――であった。このようにして、パーソンズと彼の共同研究者達の関心は、人間・社会・文化の相互作用、厳密には、文化に媒介された人間（パーソナリティ）と社会の相互作用に集約されていったのである。

三―二　行為の志向と文化システム

とくにパーソンズの場合、五〇年代初頭は、それ以前から構想されていた構造機能主義が、具体的な理論枠組の輪郭をともなって結実をみた時期である。彼の当初の課題は、心理学者や文化人類学者との共同研究の中で摂取した知識に基礎を置く三つの行為システム――「パーソナリティシステム」・「社会システム」・「文化システム」――の相互関連性にかんする体系的な理論の構築であった。かかる課題に取り組むにあたって重視されたのが、「行為の状況（行為者にとって外界の一部をなす他者、法や規範、その他の物理的手段などの諸客体）」と「行為の志向（状況に対して行為者が意識的・無意識的に抱く概念）」との関係である。

行為の志向は、社会科学における総合的な行為分析のために導入された概念図式（行為者―状況図式）である「行為の関係枠（action frame of reference）」および、状況に対して行為者が取りうる選択のパターンを五組の二者択一的な選択肢のカテゴリーにまとめた「パターン変数（pattern variables）」のいずれにおいても一つの軸をなしている。それは、現在または将来における欲求性向の充足の可否にかかわる「動機志向」と、行為者が状況に対して選択を許されている場合、一定の価値（規範・標準・規準）に自己の決定を委託し、これらを遵守しようとする「価値志向」とに大別され、さらに前者は「認知的様式」・「カセクシス的様式」・「評価的様式」に細分化される。行為システムとの関連でみれば、文化システム（人間の行為をかたちづくり、方向づける価値や観念、その他の諸形態からなる有意味的な記号の体系）は、いずれの様式が優位を占めるかに従って、「認知的記号体系」・「表出的記号体系」・「評価的記号体系」という三つの構成要素（下位体系）に類別される。

客体に対する認知的志向（認知的状況規定）が優位な認知的記号体系は、超自然的なものも含む外界の認知にかかわる信念（科学およびこれと機能的に等価な前科学、イデオロギー、宗教的観念）の体系、客体に対するカセクシス的志向（情緒的な意味づけ）が優位な表出的記号体系は、愛着や尊敬の対象となるシンボル（芸術、儀礼、祭典など）の体系、客体に対する評価的志向が優位な評価的記号体系は、価値志向の三つの標準（それぞれ動機志向の諸様式と照応した認知的な判断の妥当性を評価する認知的標準、カセクシス的＝審美的な判断の妥当性を評価する鑑賞的標準、他の諸標準の正当性を総括的に評価する道徳的標準）からなる体系である。

評価的記号体系のうち、諸行為の影響を道徳的意味での正しさという観点から評価する道徳的標準は、「規範的観念」や「規制的記号」として広範に客体化されているような、「行為システム内での葛藤の緊張を最小限にとどめる」(Parsons and Shils eds. 1951＝一九六〇：二七一）価値志向の文化パターンである。したがって、「社会的相互行為のどんな体系にも規範的側面……共通価値志向の要素がみられる」としても、「『より高い』水準の統合」(Parsons 1951＝一九七四：一〇六）の核をなすのは、社会システム（役割を基本単位とした複数の行為者からなる相互作用の体系）に最も深く関連している共通価値志向の要素、すなわち道徳的標準なのである。

三－三　文化システムにおける評価的要素の至上性

道徳的標準は「行為システムの最上位の統合のテクニックをあらわすもの……行為システム全体（そしてまた多くの下属体系）を限定し統合する組織者」(Parsons and Shils eds. 1951＝一九六〇：二六九）とみなされ、理論上きわめて重要な地位を与えられている。とくにパーソナリティシステムと社会システムを繋ぐ機序となるのが、前者への「内面化（internalization)」と後者における「制度化（institutionalization)」である。パーソナリティと集合体に対する評価的な文化要素の機能的意義に着目したとき、五〇年代前半当時のパーソンズ社会学にかんして、本質的には行為を基軸に据えた社会理論というよりも、むしろ行為を基軸に据えた文化理論であるという視点が看取される。ここで言う内面化とは、道徳的標準が各人格の一部として取り込まれることによって、パーソナリティの行為がこの標準に対する同調という「活動パターン（文化的客体への働きかけ)」として動機づけられることであり、制度化とは、内面化をつうじてパーソナリティに分有されている道徳的標準が、社会システムにおける役割期待と統合されることである。このようにして、集合体成員の行為義務は制度化された同標準に即した役割の一側面となり、システム内の社会的相互作用も、「二重の条件依存性（double contingency)」にともなう偶有性が低減した安定的な役割相互の関係、つまり「期待の相補性（complementarity of expectations)」としてパターン化される。

また行為の動機づけの機序である内面化によって、制度化された道徳的標準にコミットすることがパーソナリティの欲求充足の最適な様式となる。役割期待の一部となった共通の基準への同調によって欲求充足が最適になされるかぎり、パーソナリティは「社会システム内で一つの役割を演じている」集合体行為者、すなわち「社会システムの〈行為者〉」(Gouldner 1970＝一九七八：三〇一)として編成される。道徳的標準の内面化と制度化が「直接好一対をなす対照的なものである。……この二つのものは、実に、同一物の二つの側面にほかならない」(Parsons and Shils eds. 1951＝一九六〇：三八六)ということは、パーソナリティシステムの行為主体と社会システムの行為主体が、帰するところ同一存在であるということを示唆している。集合体内の役割期待と個人の欲求性向とを繋ぎあわせる制度化と内面化の機序が、車の両輪のごとく連動していくにつれて、「パーソナリティ、社会システム、および文化の三重の相互的統合は完全な円環に到達する」(Parsons and Shils eds. 1951＝一九六〇：四二)。行為システム全体の「組織者」たる価値志向の文化パターン、とりわけ道徳的標準の機能的意義が発揮されるのは、まさに制度化と内面化の局面においてなのである。

こうした一連の立論は、「社会諸科学における、一つの総合的な理論」をめざして行われた共同研究の中で鮮明になった理論的課題――パーソナリティ・社会・文化、三つの行為システム間の相互関連性の解明――に対する、パーソンズ自身の回答という意味合いを持つ。かかる課題において強調される文化の媒介性にかんして、そもそもパーソンズにとって社会学の水準を満たす文化理論は、「文化パターンと行為システムのその他の構成要素との相互依存」の関係に加えて、「文化パターンが社会システムやパーソナリティに関与すること」(Parsons 1951＝一九七四：五四三)についても取りあげる理論を指す。したがって内面化と制度化は、価値志向の文化パターンによるパーソナリティシステムと社会システムへの媒介的な関与の主要部分をなしている。

以上を踏まえると、五〇年代前半当時のパーソンズ社会学の本性が文化理論たりうる根拠は、以下の二点にみいだすことができるであろう。第一に文化システムの評価的要素、つまり制度化された「文化による行為の規制とその結果としての社会的秩序維持という側面が強調されている」(丸山 二〇一〇：二九)点、第二にその評価的要素が、例えば「評価的シンボリズム(価値のシンボル的表出形態)[3]」の概念にみられるように、「行為システムのその他の構成要素」を適当な仕方によってみずからと結合させることで集合体成員の行為を規制するような、「(認知的シンボル)や……(表出的シンボル)という他のタイプを制御する『至上』の文化」(大野 一九九八：九)に位置づけられている点である。

三・四　社会システム理論における文化の意義：社会的秩序維持に不可欠な機能要件の視点

『社会体系論』（一九五一年）以降、パーソンズの関心は、社会システムの秩序維持にかかわる文化的な機序から同システムの機能要件に移行したが、かかる要件を分析すべく導入された「ＡＧＩＬ図式」でも、文化システムの評価的要素は社会秩序の要諦という重要な位置を引き続き占めている。

実際に社会システムの存続に最も寄与する文化的要素として重視されているのは、四つの機能要件のうち、「統合（Ｉ次元の機能要件）」と「潜在性（Ｌ次元の機能要件）」をつかさどる下位体系に支えられた「広範囲におよぶ価値志向のパターン」である（Parsons and Smelser 1956）。「統合（Integration）」とは、「社会的共同体（societal community）」すなわち司法組織など「行動を統制する能力の生産者」による社会統制の機序であり、システム内での逸脱や分裂を防ぐことで、制度化された価値（志向の）パターンに則した相補的な役割遂行という調和した協力の条件をつくりだす働きに相当する。「潜在性（Latency）」とは、家族、教育機関、宗教組織などの「信託システム（fiduciary system）」すなわち「社会化のエージェント」が、変動の外的圧力に抗して制度化された価値（志向の）パターンを安定状態のうちに保つ働きに相当する。

パーソンズは四〇年代後半の時点で、「理論的水準が社会的行為の構造そのものの分析から、社会システムの構造・機能分析に移ることによって……可能となった……新しい見方」について、集合体とその体系維持のための機能要件との関係が「行為の観点から直接分析されるのではなく、手易く記述され検証される経験的一般化の水準に密接した『制度化されたパターン』として取り扱われる」（Parsons 1949＝一九七六：八）点を強調していた。五〇年代に定式化がはかられた社会システム理論の眼目は、畢竟するに共通の道徳的価値の安定が、前述した各機能要件の充足によって保たれるかぎり、システム内の相互行為ひいてはシステム自体の統合がなされるという秩序維持の機序にある。

したがって、中期の社会システム理論は、かつて具体的な展開までに至らなかった「共通価値による統合という属性によって理解することのできる社会的行為体系にかんする分析的理論」の継承発展――「共通価値による統合という属性によって理解することのできる社会システムにかんする分析的理論」――としての一面をあわせ持つ。このことは、「社会システムも、『究極的には』（Parsons 1949＝一九七六：八）社会的行為の体系にほかならない」以上、行為を基軸に据えた文化理論というパーソンズ社会学の本性を傍証するものと言えよう。

三－五　システム論的な分析枠組に看取される文化の枢要な位置性

六〇年代に入ると、パーソンズはシステム論的アプローチの彫琢に専心するようになる。新たに「サイバネッティック・ハイアラーキー」（高情報のシステムによる高エネルギー・低情報のシステムへの「上方」からの制御／高エネルギーのシステムによる高情報・低エネルギーのシステムへの「下方」からの条件づけ）が理論的な分析枠組として導入され、「ＡＧＩＬ図式」と共に、集合体以外の行為システムの要素分析や行為システム間の関係分析に適用された。本稿の趣旨に照らせば、文化システムの要素分析について精緻化がはかられたことが重要である。六〇年代初頭、文化システムは「ＡＧＩＬ図式」と照応的にＡ：「経験的認知システム」、Ｇ：「表出的システム」、Ｉ：「評価的システム」、Ｌ：「実存的システム」という四つの要素に再分類された(4)。紙幅の都合上、詳述は避けるが、これらの下位体系は、サイバネティック・コントロール・ハイアラーキーに従って高次な要素から低次な要素の順で組織化（Ｌ→Ｉ→Ｇ→Ａ）される。留意すべきなのは、評価的システム（五〇年代の類型における評価的記号体系に相当）を構成する「道徳原理」（五〇年代の類型における道徳的標準に相当）の位置づけである。「文化のこの構成要素（価値）が、社会システムそのものにとっても、まさに直接の構成要素となっている」（Parsons 1961b＝一九九一：一二六）と言明されているように、行為時のコストや目標にかかわる他の評価基準に比して相対的に優位な基準である道徳原理は、社会統合の核としての主要な地位を占めており、「共通の道徳的価値による社会システムの部分的および全体的な統合」（Parsons and Shils eds. 1951）という視点が引き継がれている。

さらに、『社会類型―進化と比較』（一九六六年）において、文化は行為システム全体の水準において最高次（Ｌ次元）に定位され、集合体（Ｉ次元）やパーソナリティ（Ｇ次元）を上方から制御する関係的特質が付与されている。パーソンズ社会学の本性がこの時期においてもなお文化理論たる証左は、文化システムが「意味的な源泉」として、至上の位置に置かれている事実にみいだされる（丸山 二〇一〇）。パーソンズが「私は社会決定論者というよりもむしろ文化決定論者である」（Parsons 1966＝一九七一：一六九）と断言するに至ったのは、社会システムの直接的な制御基盤、すなわち集合体の「規範的秩序に対する正当性の第一次的な源泉」（Parsons

1966＝一九七一：二四）という特質を文化システムに持たせたことと、無関係ではない。社会システムの秩序にとって欠かすことのできない意味的な（価値的＝規範的な）供給源としての一般行為システムにおける位置づけからも、文化についてのパーソンズの一貫した視角（社会統合の核となるもの）を看取することができる。

四　中期のパーソンズ社会学（新進化主義）
――文化的革新と高次の社会統合

パーソンズ流の新進化主義に立脚した社会変動論においても、構造的な諸要素のうちやはり文化は社会秩序の要諦として特別な位置を与えられている。同理論は、「現在の知識の状態では、不可能である」として定式化が見送られていた「社会システムの変動の諸過程についての一般理論」（Parsons 1951＝一九七四：四八一）という側面を持つが、社会秩序の存立可能性に焦点を当てるこれまでの姿勢と矛盾するものではない。

重要な点は、パーソンズの「進化論的変動パラダイム」において、アメリカ社会もその一部をなす諸文明がたどる四つの進化の局面のうち、最後の段階に付置された（四）「価値パターンの変形」が、既存のパターンからの「高次の規範的水準での独立した革新」（Parsons 1966＝一九七一：一七〇）に加えて、一般化（generalization）という方向性まで内含していることである。（一）「分化」によって出現した複数の下位体系が外部環境に対して（二）「適応能力の上昇」を可能にするためには、労働者や各世帯成員などの諸単位を（三）「包摂」していく必要がある。このとき価値パターンは、多様な単位の統合に寄与する共通の理念へと革新されなければならないのはもちろんだが、これまで周辺的な地位にあった集団をも完全な成員として経済や政治などの諸体系に包摂するうえで、広く制度化されなければならない。つまり、マイノリティが同胞として内部に組み込まれた新しい高次の秩序を創造するにあたり、全体社会は個々のアスクリプション（人種や民族）およびこれらのアイデンティティを超えた、分化以前に比してより広範に「共有される共通の文化的志向の統合性を維持しなければならない」（Parsons 1966＝一九七一：一五）のである。ここから読み取れるのは、「制度化されている広範な文化の価値は、その一般性のゆえに、この課せられた秩序の枠組の創造にあたって個人的価値以上に重要な働きをする」（Parsons and Shils eds. 1951＝一九六〇：二八五）という不変の思考である。

諸社会の進化＝進歩の最終的な局面に、革新を経た価値パターンの普及が据えられている事実は、パーソンズが「人類史を、人間の自由と平等の拡大過程として、したがって『市民社会』実現へ向けた長期的な努力の過程として」（高城 一九九二：二六〇）とらえていることと、密接に結びついている。このような視点が、激動と混沌の六〇年代に打ち出されたことはきわめて示唆的である。アメリカをはじめ現代の文明社会が、自由・平等・博愛の理念に根差す理想的な社会への漸進的道程——近代市民革命に端を発する人類史上の新しい価値パターンの一般化ないし普遍化——の途上にあるとの歴史認識と相即不離なパーソンズの社会変動論には、かかる認識ゆえに彼を「アンガージュマン」（J・P・サルトル）の知識人のごとく旺盛な活動に邁進させた、当時の情勢が反映されている。

実際に『社会類型—進化と比較』の上梓直後、アメリカ芸術科学アカデミーの会長に就任したパーソンズは、アメリカ社会が直面する諸問題に精力的に取り組んでいった。それは彼にとって、自由で平和な「市民社会」実現へ向けた努力の過程の一端を担うものであった。民主主義と人道主義への寄与という見地から知識人の業績が評価されるべきと考えていたパーソンズは、大学の管理や改革をめぐる問題にかんして様々な研究者・実務家と共に共同研究、討論集会、シンポジウムを主導し、ベトナム戦争や軍拡をめぐる問題にかんしても、戦争終結を訴える意見広告掲載のための署名を広く呼びかけたほか、アカデミーの代表団を組織し、科学者達による国際会議の場で核軍縮の促進などを積極的に勧告した（高城 一九九二）。そこにみいだせるのは、立場やイデオロギーの違いを超えて共有される価値パターンの制度化に資する実践的方途への強い関心である。

六〇年代後半のアメリカは、対外的には核戦争にエスカレートしかねない軍事闘争の当事国という立場にあり、対内的には公民権運動組織の過激化、アファーマティブアクションも絡んだ都市部での白人住民と黒人住民の対立、一連の反体制的な政治運動の潮流に対する保守反動、人種差別撤廃やベトナム反戦に加えて、学問・言論の自由を訴える学生達と大学当局の意向を受けた公権力との衝突といった問題に直面していた。パーソンズに倣えば、長い期間をかけて累積されてきたものである以上、価値パターンは変形およびその後一般化の局面において、累積の過程にかかわってきた既存の集合体とその下位体系（社会統制を担う司法や社会化を担う教育や宗教など）からの抵抗を余儀なくされる。新しい共通価値の拡大にともなって新しい秩序が形成される際、何らかのコンフリクトを避けられないものとみなす彼の新進化主義で念頭に置かれていたのは、国内外で深刻化する分断と騒乱であった。

五　結びにかえて
――危機の時代におけるパーソンズ社会学の意義

前期から中期にかけてのパーソンズ社会学の展開をふりかえったとき、社会秩序の基盤に文化が一貫して位置づけられていた事実が浮き彫りになる。いずれの時点の概念図式も秩序問題の解決を志向したものであり、その中心には「共通価値」、「共通の道徳的価値」、「広範囲におよぶ価値志向のパターン」などと表現される文化が座している。自身の理論構成にあたり、「秩序の枠組」という枢要な位置性を文化に付与し続けたのは、パーソンズが世界恐慌の襲来、ファシズムの跳梁、人種間や世代間の対立、核戦争に至りかねない冷戦下の軍事闘争など、破滅的な局面のたびに人類社会を深く憂い克服の方途を模索し続けた、危機の時代の社会学者であったからにほかならない。切迫した時代の空気はパーソンズを同僚の教員や学生達、あるいは学外の研究者・専門家達と共に反ファシズム、反戦・反核のための諸活動に向かわせたが、「社会の秩序はいかにして可能か」という問題意識がつねに根底に流れていた。そして、社会秩序の確立の鍵を握るものとして彼が想定していたのは、人びとを組織された協同と連帯へ促す文化の存在、つまり普遍的な価値・規範や理念であった。

かつてウェーバーは、諸個人が単に経済的な利益のためというよりも、一個の「人格」として尽きなく生きていくために、自己の生にとって拠り所となる特定の立場を選択せざるを得ず、それゆえにほかの立場と衝突する「神々の争い」を二〇世紀初頭の西欧社会に看破した（Weber [1917/1919]1992）。これは真・善・美・聖といった諸価値間の対立のみならず、個々の価値領域内部における諸立場間の和解しがたい対立を意味している（千葉 一九九六）。

そして二一世紀の現代。「神々の争い」は、個々の価値領域内部でのイデオロギー、性、生殖、人種、信仰などをめぐる対立が、諸価値間の対立とも複雑に絡みあうかたちでいっそう先鋭化の様相を呈している。さらに世界の情勢に目を向ければ、パーソンズが擁護し続けた民主主義とこれに基礎づけられた国際秩序を揺るがす文字通りの戦争状態が連鎖し、人類は平和的共存か暴力的衝突かの岐路に立っている。再び危機の時代と形容すべき激動期を迎えつつある今日、個人レベルでの「もろもろの価値秩序」（Weber [1917/1919]1992）の範疇[5]を超えて共有される「共通した価値体系」（Parsons 1937c）――実際に対立する諸主体の利害を調整し合意（調和）に導く制度として具体化されるためには、立場の違いを超えたコミットメントの努力が求められる――を軸に望ましい社会の可能性を追求するパーソンズ社会学の存在意義は、すたれるどころか、むしろ高まっていくものと考えられる。

【付記】本稿は、第六二回日本社会学史学会大会シンポジウム「学説史を通じて『社会学』とは何だったのかを問うⅡ―一九二〇～六〇年代　諸理論パラダイムの形成―」（二〇二三年六月二五日、於日本大学文理学部）での報告をもとに加筆修正したものである。

註

（1）ウェーバーの言を借りるならば、行為の規範的要素（normative factors）とは、諸個人が「〔自己の〕生活を内側から組織的に方向づけていこうとする、そういった態度をつくりだす」際の拠り所となる「ひとつの価値基準」（Weber 1920＝一九七二：一八二）である。つまりそれは、行為者によって何らかの手段が目的との関連で用いられる際、その過程が当人では制御しがたい条件に左右されるのではなく、そこから「独立的で確定的な」、したがって確固たる内在的な基準としての「選択的要因の影響力のもとにある」（Parsons 1937a＝一九七六：七九）ということを意味している。

（2）パーソンズの父親（E・S・パーソンズ）ら社会福音運動家が活躍した一九世紀末のアメリカ社会は、南北戦争後の急速な経済繁栄（金ぴか時代）の反動で発生した恐慌によって、失業、貧困、労使紛争など様々な社会問題が惹起され、アノミーの様相を呈していた。この時期、レッセフェールとほぼ同義であったスペンサーの進化論的功利主義――「最適者生存」に従う個人間の制約なき自由競争が「万人の欲求最大充足を帰結し」（Parsons 1937a＝一九七六：一九）、社会を進化させ調和をも帰結させる――の矛盾が露呈した。レッセフェール的な個人主義に立脚したスペンサー社会学や古典派経済学を批判し、キリスト教の隣人愛による社会の救済（具体的には労働組合との戮力をつうじた教会による貧困の解消）を説いた社会福音運動家の中から、ドイツ歴史学派や社会主義思想の影響のもと、社会改良をめざす学者達があらわれる。R・T・イリーやJ・R・コモンズらを中心に、「社会倫理（連帯・協同・社会福祉）」

にもとづく安定した秩序の実現を標榜する社会学およびその一分科としての経済学の新潮流（新学派・制度学派）が生み出され、キリスト教社会主義的な科学教育の拠点が相次いで設立された。彼らはおしなべて宗教的・倫理的な立場に立つ社会学観――「愛を導く知識を引き出せる学問は社会学だけである」――を共有していた（宇賀 一九九〇）。

（3） パーソンズは、認知的記号体系（宗教的観念など）に比して行為者および集合体の統合機能をより直接的に担う評価的記号体系なかんずく道徳的標準について、「価値それ自身あるいは価値への態度は多様な仕方で『象徴的に』表出される」（Parsons 1991= 一九九五：四七）性質を強調している。通常、道徳的標準は書物、祭式、芸術作品、服飾、尊敬する人物の言動といった諸種の表出的シンボルと結びつくことで高度な一般性（分有可能性と伝達可能性）を獲得し、「個人間にまたがる」、「同じ形態の行為」を可能にする（Parsons and Shils eds. 1951）。パーソンズに倣えば、プロレタリア芸術、ミサ曲、国家的祭典などは、集合体の中心的な価値パターンを諸成員に支持させ、共有させる意図のもとで創造される表出的シンボルとの結合様式（評価的シンボリズム）であり、社会的な相互行為を規制する重要な働きを担っている（Parsons 1951）。

（4） このうち実存的システムは、行為者が直面する「死」や「（魂の）救済」といった究極的な問題に向けられた志向の根拠をなす宗教的な観念ないし意味の体系であり、もともと科学やイデオロギーなどと共に、文化の認知的領域に含まれていた。同システム内で最高次（L次元）に定位された「究極的リアリティ（ultimate reality）」、および神の存在が頂点に座すこの超経験的な世界にかかわる意味は、後の一般行為システムの図式において、より重要な位置（文化システム自体の意味的な源泉）を与えられることになる（Parsons 1961b, 1966）。

（5） これはつまるところ、「行為者にとって選択が実際に自由で、ある意味で絶対的なものとみなされている特定の価値」や「社会秩序の存立とは相容れないであろう（万人の万人に対する闘争をもたらすであろう）無数の価値体系」などとパーソンズが表現するものである（Parsons 1937c）。

参考文献

千葉芳夫、一九九六、「『神々の闘争』と科学」『佛教大学社会学部論集』二九：六四―七七

Durkheim, È., 1912, *Les Forms èlèmentaires de la religieuse: le système totèmique en Australie*, Paris: Presses Universitaires de France.（＝一九七五、古野清人訳『宗教生活の原初形態（上・下）』岩波書店）

Gouldner, A.W., 1970, *The Coming Crisis of Western Sociology*, New York: Basic Books.（＝一九七八、岡田直之他訳『社会学の再生を求めて』新曜社）

池田光穂、一九九六、「『健康の開発』史——医療援助と応用人類学」『文学部論叢（地域科学編）』、熊本大学文学会四九：四一—七二

厚東洋輔、一九八〇、「主意主義的行為理論」安田三郎・塩原勉・富永健一・吉田民人編『基礎社会学 第1巻 社会的行為』東洋経済新報社、七〇—九一

Lynd, R.S., 1939, *Knowledge for What: The Place of Social Science in American Culture*, Princeton: Princeton University Press.（＝一九七九、小野修三訳『何のための知識か——危機に立つ社会科学』三一書房）

丸山哲央、二〇一〇、『文化のグローバル化——変容する人間世界』ミネルヴァ書房

大野道邦、一九九八、「文化とシンボル」『社会学雑誌』神戸大学社会学研究会一五：三—一五

Parsons, T., 1937a, *The Structure of Social Action*, New York: The Free Press.（＝一九七六、稲上毅・厚東洋輔訳『社会的行為の構造』第1分冊 木鐸社）

——, 1937b, *The Structure of Social Action*, New York: The Free Press.（＝一九八二、稲上毅・厚東洋輔訳『社会的行為の構造』第3分冊 木鐸社）

——, 1937c, *The Structure of Social Action*, New York: The Free Press.（＝一九八九、稲上毅・厚東洋輔・溝部明男訳『社会的行為の構造』第5分冊 木鐸社）

——, 1949, "Introduction", in *The Structure of Social Action*, 2nd ed., New York: The Free Press.（＝一九七六、稲上毅・厚東洋輔訳「第二版への序文」『社会的行為の構造』第1分冊 木鐸社、三—一〇）

——, 1951, *The Social System*, New York: The Free Press.（＝一九七四、佐藤勉訳『社会体系論』青木書店）

——, 1961a, "The Point of View of Author", in Max Black ed., *The Social Theories of Talcott Parsons*, 311-370.

——, 1961b, "Introduction to Part 4（Culture and the Social System）", in T. Parsons, E.A. Shils, K.D. Naegele & J.R. Pitts, eds., *Theories of Society: Foundation of Modern Sociological Theory*, New York: The Free Press.（＝一九九一、丸山哲央訳『文化システム論』ミネルヴァ書房）

——, 1966, *Societies : Evolutionary and Comparative Perspectives*,

New Jersey: Prentice Hall.（＝一九七一、矢沢修次郎訳『社会類型——進化と比較』至誠堂）

———, 1977, "On Building Social System Theory: A Personal History", in *Social systems and the evolution of action theory*, New York: The Free Press, 22-76.

———, 1991, "A Tentative Outline of American Values", in Roland Robertson & Bryan S. Turner eds., *Talcott Parsons: Theorist of Modernity*, London: Sage, 37-65.（＝一九九五、進藤雄三訳「アメリカの価値についての試論」中久郎・清野正義・進藤雄三訳『近代性の理論——パーソンズの射程』恒星社厚生閣、四五—八六）

Parsons, T and Shils, E. A eds., 1951, *Toward a General Theory of Action*, Cambridge: Harvard University Press.（＝一九六〇、永井道雄・作田啓一・橋本真訳『行為の総合理論をめざして』日本評論新社）

Parsons, T. and Smelser, N.J, 1956, *Economy and Society*, London: Routledge & Kegan Paul.（＝一九五八、富永健一訳『経済と社会（Ⅰ・Ⅱ）』岩波書店）

千石好郎、一九九九、『「近代」との対決——社会学的思考の展開』法律文化社

高城和義、一九九二、『パーソンズとアメリカ知識社会』岩波書店

宇賀　博、一九九〇、『アメリカ社会学思想史』恒星社厚生閣

Weber, M., 1917/1919, "Wissenschaft als Beruf", in *Max Weber Gesamtausgabe, Abt. I, Bd.17*, Tübingen: J.C.B. Mohr, 1992.（＝一九八〇、尾高邦雄訳『職業としての学問 改訳』岩波書店）

———, 1920, *Gesammelte Aufsätze zur Religionssoziologie, Bd.1*, Die Wirtschaftsethik der Weltreligionen, I. Konfuzianismus und Taoismus, VIII. Resultat: Konfuzianismus und Puritanismus, Tübingen: J.C.B. Mohr, 512-536.（＝一九七二、大塚久雄・張漢裕訳「儒教とピュウリタニズム」『宗教社会学論選』みすず書房、一六五—二〇八）

油井清光、一九九五、『主意主義的行為理論』恒星社厚生閣

＊邦訳書の訳文は、文脈に応じて変更した箇所がある。

（しらいし　てつろう・佛教大学非常勤講師）

特集　学説史を通じて「社会学」とは何だったのかを問うⅡ　―一九二〇～六〇年代　諸理論パラダイムの形成―

初期批判理論における社会的病理の診断

――近代化＝個人化の病理とエーリッヒ・フロムの分析的社会心理学――

出口剛司

一　問題の所在：学史を問うということ

本稿の課題は、二〇世紀初頭の初期フランクフルト学派（批判理論）、とりわけその中で中心的な役割を果たしたエーリッヒ・フロムの分析的社会心理学のアクチュアリティを明らかにすることにある。

本稿が対象とする二〇世紀初頭の社会は、「個人化」の進展と「大衆社会状況」によって特徴づけられ、社会学に対し没価値的な分析を越えて、個人化と大衆社会化から生じるさまざまな社会問題に対する批判的評価や時代診断が強く要請された時代である。しかしその一方で、社会学は個人化と大衆化の結果でもあり原因でもある「相対主義」に絡めとられ、批判的診断それ自体を支える理論的根拠を明確に示すことができないという困難に陥っていた。

こうした困難＝問いに挑んだのが亡命知識人の社会学として知られるマンハイムの知識社会学や（初期）フランクフルト学派の批判理論である。そして一世紀という時間が流れた現代社会（学）を概観しても、われわれは再び、こうした個人化と社会批判の根拠をめぐる問題を反復している。本稿の目的は、その問いをめぐる一つの原型＝源流として初期批判理論、その中核を担ったエーリッヒ・フロムの分析的社会心理学を取り上げ、それに対する応答を「社会的病理の診断」として再構成することにある。

二　近代社会における個人化と相対主義

二〇世紀初頭は、世界史的には「全体主義」の台頭から第二次大戦を経て、戦後の「豊かな社会」へと続く時期である。社会学はそうした時代に対峙し、それを「大衆社会（論）」として理論的、経験的分析を積み重ねてきた。古典的な大衆社会論によると、大衆社会とは資本主義の発達、政治的民主主義の進展、科学技術の発展などにより、伝統的な身分障壁や社会的紐帯が流動化し、没個性的な人々の群れ（大衆）が出現する一方（個人化＝脱埋め込み）、同時に彼ら大衆が巨大な生産機構（大量生産大量消費のシステム）や官僚制機構（戦争・福祉国家）に（再）吸収されていく社会（統合＝再埋め込み）を言う。

このような大衆社会の生成力学の中で作動した主要なメカニズムが、各種の伝統的共同体の崩壊をもたらし、その反動としてマスと化した孤立した大衆を集合体へと回収する「個人化」のダイナミズムである。こうした個人化の過程と並んで、批判理論が誕生した世紀転換期のドイツの思想空間では広く相対主義が蔓延していた。ここで言う相対主義とは、社会批判を正当化するための普遍的価値が信憑性や信頼性を喪失する思想状況をさす。とりわけ、知的世界ではニーチェのニヒリズムやハイデガーの存在論が流行し、当時の精神科学（人文学）では価値の正当性や普遍的妥当性に対する疑義が広く共有されていた。

こうした社会史的・思想史的状況は、一〇〇年後の二一世紀の社会（学）においても反復されている。とりわけ八〇年代以降、新しい近代化の波が訪れたという認識から、ウルリヒ・ベックやジグムント・バウマンによって「第二の近代」「リキッドな近代」という概念が提出された（Beck & Beck-Gernsheim 2002＝二〇〇二; Bauman 2000＝二〇〇一）。ここでも、そうした「新しい近代化」を主導した主要な推進力として「個人化」のプロセスが挙げられている[1]。バウマンによると、「新しい近代」の特徴とはソリッドな近代（ベックの言う第一の近代）の再埋め込みによって形成された企業組織、都市共同体、近代家族といった集合的組織が再個人化するプロセスである。社会学においてこうした「新しい近代化」論――第二の近代・リキッドな近代・再帰的近代を主題とする現代社会論――に注目が集まる一方、思想世界では近代とその神話である「大きな物語」の終焉を唱えるポストモダン思想が流行した。こうした思想の核となったのは、戦前から戦間期ドイツにおいて流行したニーチェ＝ハイデガーを継承したフランス現代思想であった。

三〇年代の初期批判理論を取り巻く社会史と思想史のコンテクストを振り返ることにより、一世紀もの時間的隔たりをはさんで投げかけられる共通の問いが浮上してくる。一方の社会状況において、社会集団に組織化された集合体が個人化の進展を通して分断される状況、他方の思想状況において、普遍的価値に対する社会的な信憑性や信頼性が喪失する事態である。普遍的価値の失効と個人化は同じ現象ではないが、普遍的価値に対する信頼が社会的に失墜する事態と、社会全体の個人化とは密接に関連している。初期批判理論とフロムの分析的社会心理学がめざしたのは、個人化による大衆社会状況がもたらす全体主義という現象を「批判理論」という新しい理論の形態をもって批判的に考察することであった。ここで「批判的」ということは、相対主義を越えてある現象に対して「価値判断」を行うことであり、個人化現象のメカニズムを解明すると同時に批判的態度を示すことを意味する。本稿の対象となるフロムは、のちに自らが「正常性の病理（pathology of normalcy）」と呼ぶ相対主義に対する批判的立場から、近代人（近代的個人）の病理を診断したのである（Fromm 1955＝一九七九）[2]。

三　中間考察・初期批判理論とフロムの分析的社会心理学

ここで、初期フランクフルト学派（批判理論）とエーリッヒ・フロムの分析的社会心理学に関するこれまでの学史的な位置付けを確認し、それに対する本稿の立場を明らかにしておこう。

フランクフルト学派とは、一九三〇年代にフランクフルト大学社会研究所に集まった研究者集団の名称であり、第一世代のマックス・ホルクハイマー、テオドール・アドルノ、ヴァルター・ベンヤミン、ヘルベルト・マルクーゼ、エーリッヒ・フロムに始まり、戦後の社会思想、社会理論をリードした第二世代のユルゲン・ハーバーマスを経て、第三世代のアクセル・ホネットへと続き、現在はさらに新たな世代が活躍しはじめている。

それゆえ、多数の理論家、多様な理論が「フランクフルト学派」あるいはその代名詞である「批判理論」の下に包摂されている。このことから、これまでフランクフルト学派とは一時的に社会研究所で活躍した一部の理論家たちの名称に過ぎない、あるいはさまざまな理論体系を一つの批判理論というカテゴリーでまとめることは不可能であるという指摘がなされてきた。事実、フランクフルト学派あるいは批判理論の成果や遺産として、ホルクハイマーが主導した学際的な権威主義研究（『権威と家族』十九三六年）、ホルクハイマーとアドルノによる歴史哲学的な文明批判（『啓蒙の弁証法』一九四七年）、ハーバーマスの民主的公共性論（『公共性の構造転換』一九六二年）やコミュニケーション理論（『コミュニケーション行為の理論』一九八一年）、ホネットによる承認論への展開（『承認をめぐる闘争』一九九四年）など、主たるものだけでも実に多様な理論展開がなされてきた。

そうした混沌とした状況に対して、第三世代のアクセル・ホネットは、論文「理性の社会的病理」の中で、第一世代から現代に至るフランクフルト学派（批判理論）に共通する理論的特徴が存在すると主張し、それを「理性の社会的病理（Pathologien der Vernunft）」の診断に求めた（Honneth 2007＝二〇一九：二九―八二）。また、ホネットはさまざまな個所でそうした病理診断の本質を「ヘーゲル的」あるいは「ヘーゲル左派の遺産」と表現している[3]。本稿もまた、このホネットの批判理論に対する見方を継承し、当初、ホルクハイマーが主導した学際的研究の枠内で展開され、さらに独自の形に発展していったエーリッヒ・フロムの分析的社会心理学を社会的病理の診断の一つの先駆的な事例として位置づける[4]。

ここでホネットが「ヘーゲル」という固有名に込めている含意は、「理性的で普遍的なもの（das vernünftige Allgemeine）」の堅持、そしてそれが「歴史のなかで作用する理性（historisch wirksame Vernunft）」あるいは「社会のなかで（sozial）作用する理性」として、歴史社会に内在的に実現するという独自の捉え方である[5]。むろん、批判理論は自らをポスト伝統的＝形而上学的思想と規定しており、理性的で普遍的なものや歴史及び社会において作用する理性という概念は、徹底して具体的な歴史社会状況の中で経験的に捉え返されなければならない。このことによって、ヘーゲル左派のラディカリズムをマルクスの変革思想とは異なった社会的病理に対する診断として、社会学に導入することが可能となる[6]。

他方、フロムはやがて研究所の路線やフロイトの解釈をめぐって、これまで協力関係にあったホルクハイマーとの間で意見の相違が生じ、アドルノの加入を契機に研究所を去っている。このことから、しばしばフロムは学派の歴史の中で傍流として扱われてきた。しかし、批判理論の研究史が示しているように、フロムはホルクハイマーが主導した権威と家族に関する学際的唯物論研究において、社会心理学部門の責任者として最も中心的な役割を果たした。またそうした歴史的事実だけでなく、社会学史研究の観点からも、フロムに焦点を定めることにはより積極的な意味がある。フランクフルト学派の理論家の多くがその出自をドイツ哲学に持つのに対し、フロムはマックス・ヴェーバーの実弟にあたり、ハイデルベルク大学教授で文化社会学者であったアルフレート・ヴェーバーの下で学位を取得し、理論形成の初期から社会学的傾向性を強く持っていた。このことから、大衆社会状況や相対主義に対し、経験的な社会学が没価値を越えて、いかに応答しうるかを明らかにするという本稿の目的から見て、フロムの分析的社会心理学はその最も有効な素材を提供するのである[7]。

四　価値自由の臨界点と「社会的病理」の診断という理論の新たな可能性

社会的病理の診断という初期批判理論の特徴は、ヴェーバー、マンハイムへと続く相対主義をめぐる問いの系譜の中に位置づけられることによって、よりいっそう明確なものとなる。マックス・ヴェーバーの価値自由は、ドイツの思想空間におけるニーチェ流の相対主義、そしてそれに伴う普遍的価値に対する懐疑に対峙する形で、価値判断と事実認識のあるべき関係を定式化したものである。それに対してカール・マンハイムの知識社会学と相関主義は、通俗化された価値自由、すなわち没価値から認識結果に対する評価的立場への移行を新たに切り拓こうとしたものである（Mannheim 1929＝一九六八：一三一―八五）[8]。

ヴェーバーの価値自由が研究者に求める規範的要請とは、価値判断に対して禁欲的であること、そして自らの価値判断に対して自覚的であることであった。この規範的要請は、社会学方法論の到達点として今なお継承されている。しかし、ヴェーバーの規範的要請はむしろ形骸化し、ただ単に価値評価を回避するという方法的態度が一般化しているように思われる[9]。

こうした没価値とでも表現しうる方法が要請される一つの理由は、価値が認識のあり方を左右するにもかかわらず、すべての人に共有され、同じ方向性を与える前提的価値がもはや存在しえないことから、価値は認識自体を歪める負の要因となる可能性があり、できうる限り抑制されるべきであると考えられていることに起因する。そして、価値に対して抑制的・自覚的であるその程度に応じて、あたかも価値から自由で、個別的事実に対して曇りのない正しい認識が保証されると想定することができるのである。

しかし、実際の研究の場では、研究の対象選択から問題設定、研究方法の採用に至るまで、あらゆる地点で研究者の価値判断が浸潤する以上、研究それ自体から価値を排除することはできない。その結果、次のような暫定的な作法が採用される。それはすなわち、価値それ自体は研究成果を審査する際の評価対象からはいったん除外し、ただ事実と事実に基づく認識の是非のみに焦点を定めるというものである。またそのために、次のような「線引き」が行われる。価値判断は評価者の手の届かない認識者の主観内部の出来事に留められ、研究の対象となる社会的事実は、認識者とそれに対する評価者双方の主観外部の客観的現象であるかのように扱われる。同時に研究から生じる研究結果も、主観内部でなされる価値判断からいったん切り離して評価されるべき（あるいは評価しうる）客観的結果と見なされるのである。

このような主観性を括弧に入れ、研究の素材となる事実と研究の結果をともに事柄に即して客観的に扱うことがあたかも可能であるかのように想定する没価値的態度は、複数の価値が互いに非干渉的、外在的に並存する相対主義的状況に対する、ある意味で極めて合理的な対応と言える。

他方、マンハイムの試みは、こうした価値の相対主義的な外在的並存状態から一歩抜け出し、複数の立場を相互に媒介し、それぞれの立場に対する適切な価値評価を行う可能性を追求したものである。そのために、第一に客観的現象である〈社会〉を、各部分が生成消滅することによって生成変化しつづける動的な全体性として把握し、個別の認識成果を全体性の中の部分的なパースペクティヴからの認識と位置付ける[10]。そして第二に〈社会〉の生成変化に呼応しつつ、認識する主観もまた自己の絶対化を回避し（脱中心化し）、他の部分認識との動的総合がめざされる。一九二九年、マンハイムは『イデオロギーとユートピア』において、社会の客観的現象を対象とした認識内容（知識）に対する捉え方を「イデオロギーの把握」として、その過程を以下のように段階的に提示した。

認識過程の第一段階に位置するものが、認識内容であるイデオロギーを心理学的な利害関係から把握する「イデオロギーの部分的把握」である。つづく第二段階は、イデオロギーを「社会的存在」（社会的諸集団）との関連性から把握する「イデオロギーの全体的把握」である。この全体的把握の例として、マンハイムはマルクス主義を挙げ、部分的把握とは異なり、心理学に矮小化しない点を評価しつつも、全体的把握の方法を自己、つまりマルクス主義自身に適用しない点で問題があるため、マルクス主義は全体的把握ではあるが「特殊的把握」に留まるとしている。それに対して、全体的把握の方法を例外なく自己自身に適応するとき、イデオロギー把握は特殊的把握を脱し「普遍的把握」に到達する。マンハイムは、この段階に至った知識＝イデオロギーに対するアプローチを知識社会学としている。

マンハイムは、さらに相対主義とは異なる認識論的立場として「相関主義（Relationalismus）」を提唱する。相関主義とは、ある現象に対する知識はそれを生み出す社会諸集団や、その他の知識との相互連関の中ではじめて意味をもつとする立場である。[11] 相対主義は、普遍的真理など存在しないと公言しつつも、それぞれが排他的な認識の正しさを主張し合うため、自ずと自己絶対化の傾向を帯びてしまう。その限りにおいて、自らが否定する客観的な普遍的真理を暗黙のうちに前提にしてしまっている。それに対して、相関主義は先の知識社会学の到達点に立ち、それぞれの認識は〈社会〉の中で占める部分的パースペクティヴから〈社会〉の一部を捉えた、その意味で徹頭徹尾、部分的・被制約的な認識であることを受け入れる。しかし逆に部分的であるがゆえに、認識の全体性をめざしてより深化した認識へと発展する方向性を保持しうるのである。

没価値の認識態度の下では、一方に認識される客観的現象、他方に認識する主観が静的に固定化し、その主観内部に価値が位置付けられる。その結果、社会全体の中では価値は媒介されることなく互いに外在的に併存するという構造を有していた。それに対して、マンハイムは、相互に連関しながら生成消滅する部分とそうした部分からなる動態的な〈社会〉の全体を想定することにより、個々の認識が〈社会〉の特定の部分的状況を映し出し、それらの動的総合、すなわち認識地平の融合の度合いに応じて認識が深化する道筋を提示した。そしてその認識の深さの程度（自己絶対化の回避とパースペクティヴの拡大）を基準として、個々の認識に対する評価的立場が可能となるのである。[12]

ただし、この段階でのマンハイムの評価的立場は〈社会〉やその現象そのものに向けられたものではなく、〈社会〉と現象に対する認識成果（知識）に向けられた評価的立場である。マンハイムにおいて、対象である〈社会〉そのものに対する価値評価は、のちの社会学的時代診断や民主的社会計画によって示されることになる。[13] 他方、生成変化する（ヘーゲル的な）全体性[14]とそれに対する動的認識という構図は、初期批判理論の批判対象でもあり、同時に批判理論がそこから新たな認識形式を立ち上げる出発点にもなっている。[15]

五　社会的病理の診断と個人化

知識社会学と対比される批判理論の役割は、生成変化する〈社会〉の中で部分が発症する社会的病理を発見し、そのメカニズムそのものを批判的に診断することにある。その際、診断基準となるのが「理性的で普遍的なもの」「歴史・社会のなかで作用する理性」であった。ホネットの言う理性的で普遍的なものが歴史社会の中で実現されるというこの社会哲学的な観点を社会学的に翻訳するならば、その都度歴史的な発展段階に応じて合理性と普遍性を備える社会的な慣習的行動や制度——すなわちヘーゲルの言う「人倫」——が形成されることと捉えることができる。そうした実践の制度化を測定する社会学的な基準をホネットは「社会的合理性（gesellschaftliche Rationalität）」とも呼んでいる（Honneth 2007: 33=二〇十九：三六）。社会的に正常であるとは、現実の歴史社会において社会的に合理的な状態を満たした統合状態をさし、他方の病理とは、それとの相対的関係において、社会的合理性の程度がより低い状態をさす。このとき、どのような慣習的行動や制度が評価の対象となるのかという判断は、そのときどきの〈社会〉を批判理論がどのような社会と認識しているかという社会学的解明の次元に依存する。また正常と病理の区別は、普遍妥当な基準に依拠して質的になされるものではなく、連続線上にある量的なものとして概念化されざるを得ない。つまり、社会的合理性の充足度の差とみなされなければならないのである。〈社会〉はつねに生成変化し、その部分現象は状況の変化に応じて、ときに正常となり、ときに病理となる。あるいは正常に見える現象のなかに病理が、病理と見える現象のなかに正常が存在しうる。したがって、社会的病理の診断とは、いわゆる正常と病理が混在しているという前提に立ち、それぞれを決定する同一の要因を社会学的認識成果の下に明確化し、社会的合理性の充足度を基準として、一方が正常として、そして他方が病理として現象するメカニズムを同定すること意味する。繰り返しになるが、正常と病理の区別は相対的、連続的なものと判断されねばならないのであり、「普遍的で理性的なもの」「歴史・社会のなかで作用する理性」という社会哲学的な概念に立ち帰れば、社会的病理は社会現象において理性が不十分（mangelnd）あるいは損なわれた（zerstört）形で実現された状態を意味するのである。[16]

ここで重要な点は、こうした病理診断にいわゆる普遍的に妥当する基準は必要ではない、ということである。なぜなら、あえて医学とのアナロジーを導入するなら、「病」と見える現象はむしろ、正常な器官が発する正常な反応であり[17]、それが「病」と診断されるのは外的（あるいは超越的）な普遍的基準によるのではなく、「病」が他の部分や全体、そして自己自身に及ぼす解体的効果をもつからである。こうした病の診断はまた、全体性（身体）に対する完全な認識が得られなくとも、その都度の医学＝認識が到達しうる十分な認識によって遂行されうるからである。

ホネットが提示する理性、社会的合理性そして社会的病理の諸カテゴリーは、批判理論を特徴づけるための形式上の概念であり、それらが何を意味するかは、三〇年代の大衆社会の時代における全体主義の研究、戦後の戦争・福祉国家批判、新自由主義批判など、批判理論が批判を展開するそれぞれの具体的な歴史社会に対する社会学的な認識成果に依存する。したがって、不十分あるいは歪められえた理性（社会的合理性）についての診断内容もまた、その時代ごとの社会学的な認識成果に依存する。

たとえば、四〇年代のアドルノとホルクハイマーによる『啓蒙の弁証法』を取り上げてみよう。ここでは、近代社会において頂点を極める文明の暴力や野蛮さが「啓蒙的理性による自然支配」に由来することが論じられる。ギリシャ英雄叙事詩『オデュッセイア』のセイレーンの物語が主体性の原史、あくまでメタファーとしてとりあげられ、主体の内的自然（欲動）の抑圧と外的な自然支配とが軌を一にし、同時に自然支配は社会的支配をもって遂行されることが示される。そのさい、支配や抑圧を生み出す啓蒙的理性は、理性が道具へと矮小化されたものと位置付けられる。さらに『啓蒙の弁証法』では、理性は歪められた自然を追想することにより、自らの暴力性を失効させることが可能とされる。つまり、自然への追想はハーバーマスのいうロマン主義への退行というよりも、むしろ啓蒙的反省の徹底化による自然の解放と見ることができるのである。

また七〇年代から八〇年代にかけて、ハーバーマスは社会的な支配構造を同じく社会的合理性の矮小化、すなわちコミュニケーション的合理性が機能的合理性へと歪められることによって生じる現象と見た。コミュニケーションによる意思決定は、言語的了解に依拠しない貨幣や官僚制という非言語的メディアによる決定に置き換えられ、後者が前者を侵食する「システムによる生活世界の内的植民地化」という現象が生じる。それに対して、ハーバーマスはコミュニケーション的理性が政治的公共圏として十分に制度化され、また生活世界とシステムを媒介することによって、民主的社会を実現しうるという社会構想を提示している。

　以上のように、ホネットが批判理論として一括するフランクフルト学派の社会批判は、正常と社会的病理との区別を理性あるいは社会的合理性の充足度の観点から捉える。そしてその〈社会〉に対する診断の内実は、以上のように社会学的な認識成果によって開示されるのである。ここで再度、近代社会における個人化と三〇年代の大衆社会状況におけるその帰結に立ち帰ってみよう。

　大衆社会の前提となる近代社会では、個人化のダイナミズムによって、資本主義経済（産業革命）や政治的民主主義（市民革命）あるいはメディアやコミュニケーション手段の発展がもたらされ、それらの複合的作用によって、人々は伝統的な村落共同体、身分組織、ギルド、教会組織などの伝統的紐帯から切断された。いわゆる近代的個人の誕生である。こうした〈社会〉における社会的合理性は、個人の自由と独立を支える新しい集合的な慣習行動や制度として現れる。例えば、伝統的に社会学では自由で平等な市民からなる都市共同体、ロマンティク・ラヴの下で男女が対等な関係を構築する近代家族、労働者が連帯を実現する企業コミュニティや労働組合、市民が反官僚主義的、自発的に参加するヴォランタリー・アソシエーションなどがそれにあたる。これらの組織形態が〈社会〉において社会的合理性を充足すると言えるのは、進行する個人化のプロセスを所与の前提とし、そこから生じた個人がめざす自己実現があまねく他者の自己実現に寄与し、同時に他者の自己実現が自己の自己実現に組み込まれうるような形態を取るからである。逆に言えば、パーソンズのいう「制度化された個人主義」あるいはホネットの言う「協働による自己実現（kooperative Selbstverwirklichung）」が制度化されることこそ、近代社会という現実の社会における「理性的で普遍的なもの」「歴史・社会の中で作用する理性」「社会的合理性」の具体的形態であり、かつてヘーゲルが人倫（Sittlichkeit）という概念で名指したものなのである。反対に、個人の自己実現が他者の自己実現の障害となり、あるいは社会的な慣習や制度が個人の自己実現を侵害するような場合、そうした現象や制度に対して社会的病理という診断が下される。

　これらを踏まえれば、三〇年代の大衆社会状況とは、近代社会における個人化のプロセスが全体主義という形で個人を否定する集合的形態を生み出すパラドクシカルな病理現象を意味し、ホルクハイマーが組織した初期批判理論による「権威と家族」の学際的研究、そのプロジェクトの下で主導的役割を果たしたフロムの分析的社会心理学は、こうした大衆社会という歴史的・社会的現実の社会的病理のメカニズムを明らかにしようとしたものなのである。

六　権威という社会的病理

ホルクハイマーは、批判理論の誕生を告げる綱領的論文「伝統理論と批判理論」において批判理論の定式化を行う一方（Horkheimer 1937＝一九七四：一四三―八〇）、それに先んじてマンハイム批判「新しいイデオロギーか」を展開している（Horkheimer 1930＝一九七五：三六―一〇二）。後者において、ホルクハイマーはその批判をマンハイムの「全体性」概念の観念論的性格に向けている。知識社会学における全体性は、全体化を志向する認識の規範的目標として言及されるものの、その内実は必ずしも明らかではない。それに対して、ホルクハイマーはこの全体性を〈社会〉による「生産」及び〈社会〉そのものの「再生産」という観点から捉えている。論文「伝統理論と批判理論」では、従来の伝統理論が社会的分業体制において〈社会〉の盲目的な（再）生産に従事するのに対し、この（再）生産のメカニズムを反省的に捉え、批判的診断を下すことが批判理論の役割とされている。

伝統理論は経験的、実証的研究を積み重ねて理論的な命題に到達しようとする帰納的な経験学派と、経験とは別の水準で理論を構成し、それを経験的事実をもって検証しようとする理論学派からなる。一見すると、経験学派と理論学派はまったく異なる方向性をもつように思われる。しかし、一方に説明の対象となる事態（所与の事実連関）があり、もう一つの極には事実の説明を行う知識（理論命題）が配置されるという二元論的見方を共有しており、両者が二元論に囚われる限り、所与の事実連関は社会の（再）生産構造の中で盲目的に再生産され続けることになる。本稿の前半で言及した没価値的な経験的研究も、伝統理論の範疇で理解することができる。

他方、批判理論は〈社会〉を自らを再生産するメカニズムとして捉え、伝統理論を主導し伝統理論が〈社会〉の各部分に関してもたらす知見を生産及び再生産構造という観点から再把握するという役割を担う。むろん、（再）生産構造に対する批判的機能を担う批判理論だけでは、〈社会〉の各部分で作用するメカニズムを詳細に捉えることはできない。そこで、全体性を（再）生産という観点から捉える社会哲学としての批判理論と部分メカニズムを解明する個別専門科学（伝統理論）との学際的協働が求められるのである。ここにおいて、マンハイムの全体性は〈社会〉の（再）生産構造――社会哲学としての批判理論がその視座を保持する——として継承され、全体化に向かって漸進する個々のパースペクティヴは、〈社会〉の各部分の作動様式を〈社会〉の（再）生産という観点において詳細に記述する個別専門科学（伝統理論）に引き継がれるのである。

　そもそも、近代社会の再生産は、第一に近代家族という中間集団の内部において、自由で独立した自律的個人を産出する過程を通して行われる。さらにこの「社会化」のプロセスと並んで、同じく自律的個人が市場——「欲望の体系」としての市民社会——に参入し、相互に媒介されることによって〈社会〉の再生産が実現する。家族や市民社会という圏域が、自由独立の個人とそれらをつなぐメディア（欲望の体系＝システムとしての市民社会）を再生産する限りにおいて、それらの圏域は社会的合理性を充足する正常な組織と判断されうるのである。

　フロムの分析的社会心理学は、こうした〈社会〉の再生産を可能とする社会化のプロセスを解明する理論である。分析的社会心理学は、元来フロイトの精神分析を基礎にもつ個別科学としての心理学であり、批判理論との学際的研究に組み込まれることにより、近代家族を「社会の心理学的エージェント（psychologische Agentur der Gesellschaft）」と捉える分析的社会心理学となるのである（Fromm [1936] 1993: 79＝一九七七：二〇）。精神分析及び分析的社会心理学では、個人を産出する社会化のメカニズムは、家父長的家族におけるエディプス・コンプレックスに求められる。エディプス・コンプレックスの理論によると、誕生から一貫して幼児は母子と一体的な愛着的関係にあるが、やがて父が母との愛着関係（欲動の充足）を禁止する＝去勢する存在として幼児の前に現れることになる。幼児は、母への愛着や父に対する恐怖と不安を克服するために、父並びに欲動の対象である母との同一化をはかる。こうして形成されるのが超自我である。その意味で、超自我はエディプス・コンプレックスの正統な相続者であり、超自我は父のようになること（欲動の充足）と父のようになってはいけないということ（欲望の断念）を同時に命じるのである。

　同一化によるエディプス・コンプレックスの克服という母子・父子関係の心理学プロセスは、〈社会〉の再生産という全体的パースペクティヴから捉えれば、欲動を制御する市民的主体（近代的個人）の再生産ならびに父・母・子どもからなる制度としての近代家族の再生産という社会的プロセスを意味する。家族は社会の心理学的エージェントであり、超自我の形成を通して、社会的に必要とする理想像や社会規範を自我理想あるいは道徳規範として内面化する機能を有しているのである。

エディプス・コンプレックスを克服した結果として誕生する市民的主体（近代的個人）は、超自我・自我・エスという三つの精神器官をもつ。エス（Es）とは本能的エネルギーの貯蔵庫である。そのエネルギーは欲動（Trieb）となり、快楽原則に従って快を求め不快を避けようとする。自我は一般に理性の審級とされ、現実の検証や意識の機能を担い、現実原則に従って外的世界と内的世界の双方に働きかけ、自己を環境に適応させる。発達段階の最後に姿を現すのが超自我であり、自己観察、道徳的良心、理想の形成と欲動の抑圧といった機能を担う。

三つの審級のうち、自我は能動的に外的環境に働きかけることによって、欲動を充足し支配する役割をもつ。また、自我は能動的、計画的に働く（すなわち自己実現を達成する）その能力が強くなる程度に応じて、欲動を支配する力も強くなる。しかし、逆に自我が未成熟であったり、その力が相対的に脆弱であったりする場合には、欲動を十分に支配することができない。こうした欲動が原因で自我は社会的な「罰」を受ける可能性がある。この罰を受けることに対する「不安」が、自我の能動的な作用に代わって欲動を抑制する。フロムは、こうした罰に対する不快、加えて不利益に対する不安を現実不安（Realangst）と呼んでいる。ただしこのときに作用する欲動や不安はけっして抑圧されず、自我の意識の対象として存在し、自覚され続ける。

しかし、これとはまったく異質の不安が原動力となって、欲動が退けられる場合がある。フロムはその種の不安を情動的不安（emotionelle Angst）呼んでいる。フロムによれば、弱い自我は、自身の力を越えた（über den Ich）権威や自我理想への強い愛着や執着を持っている。そして、そうした関係を失うのではないかという喪失に対する不安が、弱い自我を手助けし、危険な欲動（願望）に対する抑圧を遂行するのである。つまり、欲動や願望を充足してしまうことで、崇拝する権威や理想化された生活を失うのではないか、という不安が欲動充足それ自体を阻止するのである。一見すると、現実不安と情動的不安は、ともに不安という感情に根ざしているがゆえに区別が難しいように思われる。だが、現実不安は十全な自我による理性的な観察の結果生じるものであり、他方の情動的不安は理性的観察に先行する権威的存在への情緒的固着に由来し、それ自体反理性的、盲目的なのである。

情動的な愛着の対象を喪失することへの不安は、フロムによれば現実不安よりはるかに強力な駆動力をもつ。情動的不安には想像的、観念的な要素が強く、先の自我の理性的洞察によって生じる不安（現実不安）とは違って、欲動（願望）や不安それさえも、意識の領域から追放してしまう（Fromm [1936] 1993: 89-90＝一九七七：二九）。フロムによれば、意識からの完全な追放という意味での「抑圧（Verdrängung）」が起こるのは、この情動的不安による場合である。理性の観点から見た場合、情動的不安の下で生じていることは、理性的洞察の力が自我の脆弱さゆえに不充分であり、また代わって作動する超自我の働きによって洞察力が歪められることにより、理性的認識がイデオロギー的な合理化（理屈付け）の機能へと矮小化される事態である（Fromm [1936] 1993: 91＝一九七七：三三）。

ところで、フロムは超自我のカテゴリーに関して次の二点を指摘している。第一に、フロイトの超自我というカテゴリー自体が矛盾と曖昧さを含み、現実の検証、自己観察、良心や理想といった機能が混在している。すなわち、超自我という概念が本来自我やエスに帰着するはずの機能を抱え込んでいるのである。これはおそらく、フロムにおいて超自我（Über-Ich）という審級は、自我（Ich）の機能を補完する余剰（über）にすぎないと見なされていることに由来するように思われる。しかしながら第二に、そうした抑圧を遂行する超自我の力も、けっして十分ではない。フロムによれば、内的な審級としての超自我の影響力は、現実の権威（Autorität）との投影＝内面化のプロセスを繰り返すことによって補強されなければならない。すなわち、内的な超自我は、現実の権威へと投影され、投影によって強化された権威が再び超自我の力として内面化されなければならないのである。

以上のことから、大衆社会における支配構造について、次のように結論づけることができる。内的な超自我と現実の権威は、発生論的には自我の力が未発達であったり、脆弱であったりする場合に要請され、また系統発生的には社会的な生産力が低く、支配構造への集合的な服従が必要とされるときに機能する器官＝機関である。このことは、逆に支配構造の側から見ると、社会全般に自我の理性的洞察を越える不安を扇動することによって、権威＝超自我の投射＝内面化のメカニズムを作動させ、支配構造に対する人々の強度の依存＝支持を生み出すことが可能となるのである。そして、人々の不安は権威を受容することによって解消され、（不快が消滅するために）快の感覚をもたらすことができる。こうして指導者への愛着が生まれるのである。

フロムはまた、権威に服従し恋着する隷属的主体の内的構造を「マゾヒズム」と呼び、そうした主体は、自然や世界そして周囲の存在すべてを、甘受し従わなければならない「運命」という観点から経験すると述べている。その運命的な力は、不十分な自我の理性的洞察の結果にすぎない合理化の効果によって、「自然の法則」「事実の強制」「過去の力」「神の意思」「義務」あるいは「経済的必然性」「人間の構造」という形で表象される（Fromm [1936] 1993:114, 132 = 一九七七：五六、七四―五）。

大衆社会の病理が生み出す全体主義は、個人の理性的能力である自我の弱体化によって、太古的な超自我への依存状態が回帰し、同時に現実に存在する権威によって服従の構造が強化されることによって生じるものである。しかし、超自我や権威それ自体は過渡的な存在である限りにおいて、理性的＝合理的である。たとえば、近代家族の再生産構造において、自律的個人の社会化が成し遂げられ、彼ら主体が交換関係を形成する市民社会において自由独立の「ブルジョワジー」として行為しうる限り、過渡的な超自我や社会的権威は一定の社会的合理性を充足していると言えるからである。しかし、国家による資本と市場の独占や市民社会の包摂（国家独占資本主義や権威主義的国家）によって、国家的政治指導者と国家という名の政治的権威に主体が直接服従する事態が発生するならば、そこには近代化＝個人化のプロセスが生み出した、個人の存在そのものを抑圧する病理的な支配構造が生み出されているのである。

七　自我の病理から自由の病理へ

近代化によって誕生した個人が、再び国家という巨大機構に吸収されるという三〇年代の権威主義的支配は、バウマンの言葉で言えばソリッドな近代の一つの病理的なバージョンと捉えることができる。それに対して、フロムはアメリカ市民権を取得したのち、『自由からの逃走』（一九四一年）において、精神分析の欲動理論ではなく自由から生じる不安（自由であることの苦しみ）に議論の焦点を移行させている。リビドー的な欲動概念が放棄されたのである（Fromm [1941] 1942＝一九五一）。

ここで『自由からの逃走』における社会的病理の診断について確認しておこう。『自由からの逃走』は、近代化が人間にもたらす影響を自由の観点から論じたものであり、伝統的な紐帯から解放された個人が新たに獲得した自由への不安から再び権威の保護を求め、自由を放棄するというパラドクスを解明したものである。本文ではルネサンス、宗教改革、資本主義の勃興から全体主義の台頭に至る近代化の主要な時期に自由の獲得と自由の放棄が起こるメカニズムが記述されている。

フロムによれば、近代化（個人化）がもたらす自由は元来、束縛からの自由、つまり消極的自由（～からの自由）と呼ばれるものであり、こうした消極的自由に止まる限り、自己は絶えず不安、孤独そして無力感に支配され、結果として自由を放棄するというパラドクシカルな現象が発生する。それに対して積極的自由（～への自由）とは、自己の可能性を能動的に実現する自由、自己実現への自由を意味する。フロムによれば、自然、社会、他者における自己実現は、それぞれ芸術、生産的な仕事（労働）、愛を通して外部との新たな絆を生み出す。その結果、不安、孤立、無力感を自由と独立を放棄することなく克服することができるとされるのである。しかし、積極的な自由や自己実現が達成できない場合には、権威への服従（権威主義）、社会への過剰同調（機械的画一性）、自己や他者への破壊的攻撃（破壊性）という逃避のメカニズムが生じる。

欲動理論に基づく病理診断との共通点と差異は以下にある。まず両者の共通点は、社会的病理を不充分あるいは損なわれた理性（社会的合理性）に見出す点にあり、前者においては欲動を能動的に充足する自我の作用が失われ、超自我が作動すること、後者では（不十分な）消極的自由が積極的自由へとすすむことができず、さまざまな逃避のメカニズムを呼び起こしてしまうことに求められる。

他方両者の差異は、欲動理論では内的に太古的＝伝統的・原初的な権威への回帰が念頭におかれていたのに対し、『自由からの逃走』ではアメリカの民主主義社会を念頭に新たな権威現象として「匿名の権威」への同調が事例として挙げられている。

匿名の権威とは（大衆）民主主義における世論や流行を意味しており、フロムのこうした匿名の権威への言及は、国家や家族あるいは組織という実体的な存在が、逃避＝再埋め込みの場としてはもはや約束されていないという第二の近代社会（リキッドな近代社会）の典型的な流動性を表している。

その意味で、亡命先でフロムが体験した近代化の社会的病理は、もはや第一の近代（ソリッドな近代）の病理ではなく、八〇年代以降、ヨーロッパの社会学者たち（ベック、バウマン、ギデンズ）が目撃した第二の近代（リキッドな近代）が抱え込んだものと類似の社会的病理と言えるだろう。ただしこのことは、フロムの分析的社会心理学が四〇年後の社会的病理を予言したということではなく、社会学史・思想史的に言えば、大陸を跨ぐヨーロッパ知識人のアメリカ体験、そうした経験がもたらす批判的言説から倫理的言説への転換の一つと言えるかもしれない。

むすび　社会的苦悩と解放的認識関心

これまでの議論を確認し、理論と実践（治癒）との関係について触れておきたい。批判理論における社会的病理とは、現実の歴史社会に作用する理性が本来達成されるべき水準にないために起こる社会的な機能不全を意味する。ただし、理性やその歪みの内実については、それぞれの歴史社会を経験的に分析することによって確定される。初期批判理論の学際的研究では、社会現象に対する評価的立場への可能性を開いたマンハイムを批判的に継承したホルクハイマーが、〈社会〉の生産及び再生産構造から全体性のメカニズムを学際的に捉えるプロジェクトを立ち上げた。それによると、近代における〈社会〉の再生産は近代家族における市民的主体（近代的個人）の社会化によって果たされるが、三〇年代の大衆社会においては、個人化の水準に対応しうる社会的合理性を備えた社会制度（人倫）と主体を構築することができず、全体主義という社会的病理を生み出してしまったといえる。

最後に、これまで論じてきた「社会的合理性」と「社会学的分析」に加え、ホネットは社会的病理がもたらす苦悩へのまなざし（解放的認識関心）を批判理論の三つ目のそして最後の契機として挙げていることを確認しておく。ホネットによれば、社会的病理に伴う苦悩は、それ自体「あってはならない」「状況は別様であるべきである」と告げる反省形式を有している。批判理論は、こうした苦悩の反省形式を理論の宛先とし、その治癒を願う解放的認識関心によって支えられるのである（Honneth [2004] 2007: 55＝二〇一九：六四）。それでは批判理論は何ゆえ、聖槍による治癒ではなく理性による治癒を選ぶのか。オデュッセウスが苦難と放浪の末に故郷に帰還したとき、彼は故郷に居座った悪漢どもをはるかにしのぐ残忍さを身に着けてしまっていた。その証言者たる批判理論には、もはやパルジファルの槍という選択は許されてはいないのである。

註

（1）個人化論の学史的な整理として、澤井の優れた論考がある（澤井二〇一二）。またベックの個人化論を体系的に論じたものとして伊藤の研究を参照のこと（伊藤二〇一七）。

（2）懸田の責任編集では「常態の病理」と訳されている。フロムは「正常の病理」を個人の病理と区別して社会の病理と位置付けている。

（3）ヘーゲル左派の遺産という位置付けは、論文「〈存在を否定されること〉がもつ社会的な力」でなされている（Honneth [1994a] 2000a: 88-109＝二〇〇五：九三—一一九）。

（4）フロムについては出口の論考を参照のこと（出口 一九九七、[一九九九] 二〇〇一、二〇一一、二〇一四、二〇一七）。

（5）ホネットは「病理（Pathologie）」について論文「社会的なるものの病理」（Honneth [1994b] 2000: 11-69＝二〇〇五：三—七二）及び「理性の社会的病理」（Honneth [2004] 2007b: 28-56＝二〇一九：二九—六七）で展開している。本稿はとくに後者に多くを依拠している。

（6）ホネットは、「損なわれていない合理性を再び手にすること（Wiedergewinnung einer unzerstörten Rationalität）」をマルクスの伝統とは異なる「理論と実践」の新たな結びつきと位置付けている（Honneth [2004] 2007: 54＝二〇一九：六四）。

（7）第四世代にあたるハルトムート・ローザは自身の世界関係の社会学の構想を善き生の社会学と位置づけ、哲学（倫理学）、社会学、心理学の統合をめざしている（Rosa 2019）。

（8）マンハイムの知識社会学については秋元・澤井の研究を参照のこと（秋元・澤井 一九九二）。とくにマンハイムの認識論は、第三章「マンハイムのパラドックス」に多くを依拠している。

（9）本稿ではヴェーバーの価値自由論を直接検討するわけではない。ただし、ヴェーバーとマンハイムについては澤井の論考を参照せよ（秋元・澤井 一九九二：一二七—三一）。

（10）マンハイムは全体性について「いつも新しい精神的な働きを通して作り替えられているような存在」「いつも生成流転している現実」と表現している（Mannheim 1929＝一九六八：六八、七二）。

（11）相関主義についてマンハイムは次のように述べている。「相関主義というのは意味の一切の要素がたがいに関係し合っていること、および、それらのものが特定の意味の体系の中でたがいに基礎づけ合いながら意味をもっている、ということを意味しているだけである」（Mannheim 1929＝一九六八：五七—八）。「どんな認識も…（中略）…意味の関連と関係をもっており、またとどのつまりは歴史的社会的な諸連関といつも関係をもっているということである」（同五八）。

（12）澤井は「評価的立場」を可能にするメタ規範として「補完への開放性」「視野の拡大」という原則を挙げている（秋元・

澤井一九九二：一二一）。

（13）マンハイムの知識社会学、相関主義と時代診断については、秋元（秋元・澤井一九九二：一八一―二二三）及び小田（小田二〇二〇）の論考を参照のこと。

（14）澤井は、『イデオロギーとユートピア』以前のマンハイムの歴史主義について「ヘーゲル流の歴史哲学により近い」と論じている（秋元・澤井一九九二：一〇八）。また澤井はマンハイムを引用し「全体性とは、部分的な視野をみずからのうちに受けいれつつ、不断にそれを越えていこうとする、全体への志向」としている（同一二一）。初期批判理論とマンハイムの「全体性」の概念及び個別専門科学との関係ついては残念ながら稿を改めざるを得ない。

（15）批判理論とマンハイムの関係については、秋元が詳細に検討している（秋元一九九九:三四〇―六二）。秋元によれば、ホルクハイマーによる批判は、変革をめざすマルクス主義の立場から「全体性」概念とその観念論的性格に向けられている。

（16）批判理論の独自性をホネットは「社会的な病理と欠如した合理性（gesellschaftliche Pathologie und mangelnde Rationalität）」の間の連関に見ている（Honneth [2004] 2007:32＝二〇十九：三四）。

（17）正常と病理の連続的な関係について、ホネットはフロイト論の中で以下のように述べている。「フロイトは事実、正常と異常の慣習的な境界を動かすのではなく、病理的な行動が現れる可能性を「正常」な人格それ自身の領域に移しているのである」（Honneth [2006] 2007: 162＝二〇十九：二〇三）。ホネットは論文「理性の社会的病理」においても「社会的病理」の病理の診断と治療に関してフロイトの精神分析にモデルを求めている。とくに疾病（病理）自身が正常な反応であり、治癒に向かう契機を内包するという見方をしている。本稿の「むすび」を参照せよ。

参考文献

秋元律郎、一九九九、『知識社会学と現代：K・マンハイム研究』早稲田大学出版部

秋元律郎・澤井敦、一九九二、『マンハイム研究：危機の理論と知識社会学』早稲田大学出版部

Bauman, 2000, Z., *Liquid Modernity*, Polity Press.（森田典正訳、二〇〇一、『リキッド・モダニティ：液状化する社会』大月書店、二〇〇一年）

Beck, U. & Beck-Gernsheim, E., 2001, *Individualization: Institutionalized Individualism and its Social and Political*

Consequences, Sage Publication.（中村好孝他訳、二〇一二、『個人化の社会学』ミネルヴァ書房）

出口剛司、二〇〇二、『エーリッヒ・フロム：希望なき時代の希望』新曜社

———、一九九七、「自然の光・理性の社会心理学：E・フロムにおける批判と倫理」『社会学評論』四八巻二号、日本社会学会

———、［一九九九］二〇〇二、「二つの文化社会学のはざまで：社会学の精神分析経験」『情況』六月号（情況出版『社会学理論の〈可能性〉を読む』に「エーリッヒ・フロム：二つの文化社会学のはざまで」として収録）

———、二〇一一、「批判理論の展開と精神分析の刷新：個人の終焉から新しい個人主義へ」『社会学評論』六一巻四号、日本社会学会

———、二〇一四、「越境する知と生の作法：フロムにおける『無意識』と知の生成をめぐって」、熊野純彦・佐藤健二編『人文知3 境界と交流』東京大学出版会

———、二〇一七、「ポスト真実における社会学理論の可能性：批判理論における理論の機能を手がかりにして」『現代思想』vol. 45-6

Fromm, E., [1936] 1993, „Der autoritäre Charakter“ in *Die Gesellschaft als Gegenstand der Psychoanalyse: Frühe Schriften zur Analytischen Sozialpsychologie*, Herausgegeben von Rainer Funk, Suhrkamp.（安田一郎訳、一九七七、「権威と家族」『権威と家族』青土社（初版題名：Autorität und Familie））

Fromm, E., [1941] 1942, *Fear of Freedom*, Routledge & K. Paul.（日高六郎訳、一九五一、『自由からの逃走』東京創元社（初版題名：Escape from Freedom））

Fromm, E., 1955, *The Sane Society*, Rinehart & Company.（加藤正明、佐藤隆夫訳、「正気の社会」、懸田克躬責任編集、一九七九、『ユング　フロム』中央公論社）

Honneth, A. [1994a] 2000, „Die Soziale Dynamik von Mißachtung: Zur Ortsbestimmung einer kritischen Gesellschaftstheorie“ in *Das Andere der Gerechtigkeit: Aufsätze zur praktischen Philosophie*, Suhrkamp.（宮本真也訳、「〈存在が否認されること〉がもつ社会的な力：批判的社会理論のトポロジーについて」、加藤泰史・日暮雅夫他訳、二〇〇五、『正義の他者：実践哲学論集』法政大学出版局）

Honneth, A. [1994b] 2000, „Pathologien der Sozialen: Tradition und Aktualität der Sozialphilosophie“ in *Das Andere der Gerechtigkeit: Aufsätze zur praktischen Philosophie*, Suhrkamp.

（宮本真也訳、「社会的なものの病理：社会哲学の伝統とアクチュアリティ」、加藤泰史・日暮雅夫他訳、二〇〇五、『正義の他者：実践哲学論集』法政大学出版局）

Honneth, A. [2004] 2007, „Eine soziale Pathologie der Vernunft: Zur intellektuellen Erbschaft der Kritischen Theorie" in *Pathologien der Vernunft: Geschichte und Gegenwart der Kritischen Theorie*, Suhrkamp.（宮本真也訳、「理性の社会的病理：批判理論の知的遺産をめぐって」、出口剛司、宮本真也、日暮雅夫、片上平二郎、長澤麻子訳、二〇一九、『理性の病理：批判理論の歴史と現在』法政大学出版局）

Honneth, A., [2006] 2007, „Aneignung von Freiheit: Freuds Konzeption der individuellen Selbstbeziehung" in *Pathologien der Vernunft: Geschichte und Gegenwart der Kritischen Theorie*, Suhrkamp.（出口剛司訳、「自由の獲得：個人の自己関係というフロイトの構想」、出口剛司、宮本真也、日暮雅夫、片上平二郎、長澤麻子訳、二〇一九、『理性の病理：批判理論の歴史と現在』法政大学出版局）

Horkheimer, M., 1930, „Eine neuer Ideologiebegriffe?" In *Archiv für die Geschichte des Sozialismus und der Arbeiterbewegung*, Herausgegeben von C. Grünberg, Band xv.（清水多吉訳、「新しいイデオロギーか?：マンハイム批判」、清水多吉編訳、一九七五、『権威主義的国家』紀伊國屋書店）

———, 1937, „Traditionelle und kritische Theorie" in *Zeitschrift für Sozialforschung*, Jahrgang 6, Heft 2, Herausgegeben im Auftrag des Instituts für Sozialforschung von Max Horkheimer, Librairie Felix Allan, Paris.（久野収訳、一九七四、「伝統的理論と批判的理論」『哲学の社会的機能』晶文社）

伊藤美登里、二〇一七、『ウルリヒ・ベックの社会理論：リスク社会を生きるということ』勁草書房

Mannheim, K., 1992, *Ideologie und Utopie*, Friedrich Cohen.（鈴木二郎訳、一九六八、『イデオロギーとユートピア』未來社）

小田和正、二〇二〇、「社会学的時代診断学の基本構図と諸機能：K. Mannheimによる構想を起点として」『ソシオロジ』六四巻三号（一九七号）、ソシオロジ編集室

Rosa, H., 2019, *Resonanz: Eine Soziologie der Weltbeziehung*, Suhrkamp.

澤井　敦、二〇一一、「原子化・私化・個人化：社会不安をめぐる三つの概念」『法学研究』Vol. 84, No.2、慶応義塾大学法学研究会

（でぐち　たけし・東京大学大学院教授）

性別二元論批判を問いなおす

――性別二元論批判は何を見落としてきたのか――

古川直子

一　はじめに

生物学的性別であるセックスと対置される社会的な性別として、かつてジェンダーは社会学によってフェミニズム理論に導入された（Oakley 1972）。しかし、この区別の限界が問いなおされるようになってすでに久しい。八十年代以降のジェンダー／セクシュアリティ研究において導入された社会構築主義的アプローチは、セックスとジェンダーの区分そのものを問いなおした。生物学的とされるセックスもまた、ひとつの社会的なカテゴリーと見なすべきだという立場が提起されたのである。

このアプローチは、Butler（［1990］1999）を代表格とする八十年代以降のポスト構造主義的フェミニズムの成果とされることが多い。しかし実は、セックス／ジェンダーの区分が導入された直後から、早くもこの区別に疑問を呈していた論者らがいる。ミクロ社会学を理論的源泉とするKessler & Mckenna（［1978］1985）である。彼女らは性別カテゴリーの分析にエスノメソドロジーの手法を導入した功績で知られるアメリカの社会心理学者である。彼女らの著書が書かれた七十年代アメリカのフェミニズムにおいて主流であったのは、性役割の社会化モデルである。当時のフェミニストらは既存の性役割を根本から問いなおすだけでなく、最終的にはその廃絶をも求めていた。たとえばこのアプローチの代表格であるRubinは、フェミニズムにとっての理想を次のように語っている。それは「（生物学的性別としての）セックスが存在しないわけではないが）両性具有的で、ジェンダーレスな社会」である。そこでは「あるひとがどういう人間であるか、何をなすか、性行為のパートナーが誰であるかと、本人の解剖学的性別は関わりをもたない」(Rubin 1975: 204)。

Kessler & Mckenna は Rubin の議論の意義を認めながらも、その不十分さを批判する。すなわち、Rubin は二つの生物学的性別の存在を客観的現実と見なしているという点で、性別二元論にとらわれているのである(Kessler & Mckenna [1978] 1985: 163-4)。彼女らのラディカルかつ周到な仕事は、現在のジェンダー/セクシュアリティ研究のスタンダードとなった性別二元論批判の先駆と見なせるものである。[1] それと同時に、その後の性別二元論批判が陥ることになる陥穽もまた、すでに彼女らの議論のなかに含まれている。性別というカテゴリーの自明性を根本から問い直すという点で、彼女らの仕事は一定の社会的意義を有していた。「女らしさ」や「男らしさ」の構築性のみならず、男女というカテゴリーの存立そのものを問いの射程に含めるという着眼において、彼女らのアプローチは斬新であった。しかし、性別二元論批判はその後しだいに教条化し、それが内包する矛盾や不整合を覆い隠してしまった。

本稿はまず、Kessler & Mckenna の仕事を糸口として、性別二元論への懐疑がどのように提起されたかを確認する。さらに、現在のジェンダー/セクシュアリティ研究における性別二元論への批判を踏まえ、性別が男女の二つであるという信念が批判の焦点とされることによって何が見落とされてきたのかを明らかにしたい。結論を先取りして言うなら、性別二元論批判は生物学的セックスの虚構性を言うことによって、より重要な問いから目をそらしてしまう。それは、生殖機能と関わりのないところで生殖機能を弁別基準とするカテゴリーがたえず参照されるという事態の奇妙さである。

本来は生殖にしか関わらないはずの生物学的カテゴリーが、社会集団としての意義を帯び、それぞれの構成員に対してライフチャンスを不均等に分配する。問われるべきはこの構造である。それに対して性別二元論批判は、連続体としてのセックスから二元的なジェンダーを切り出すという操作に恣意性を見てとる。これは本来別の場面のために温存しておくべき切り札を、誤った局面で消費することである。人工性や恣意性についての指摘のすべては、セックスという生物学的カテゴリーを社会集団として存立させる契機へと向けられるべきだからである。性別二元論批判は、生殖機能を弁別基準とする人間の分類(セックス)そのものの恣意性を言うことによって、この問いにとりくむための足場を掘り崩してしまう。それゆえに、いま性別二元論批判は問いなおされる必要があるというのが本稿の立場である。

本稿の構成は、以下のとおりである。まず、「二」で性別二元論批判の端緒をつけたKessler & Mckennaの議論を紹介し、「三」でその中心となる主張を整理する。次に「四」と「五」では、セックスという分類の恣意性をめぐる議論を取り上げ、「六」と「七」では、セックスという分類を参照することの恣意性という論点を導入する。最後に「八」では、セックスという分類そのものが恣意的であるという主張と、セックスという分類を参照することがある場面においては恣意的であるという二つの主張が両立し得ないことを論じる。

二　Kessler & Mckennaによる性別二元論批判

Kessler & Mckennaは、セックスとジェンダーという言葉の使い分け自体を認めない。セックス／ジェンダーという区分が専門用語として流通しはじめてからも、両者はしばしば互換的に使用され、混乱を招いている。たとえば、少年の女性的な行動が「ジェンダー越境行動（cross-gender behavior）」とも、「性役割の逸脱（sex-role deviation）」とも呼ばれたりする。もしジェンダーとセックスが異なるものを意味するなら、これらの語は互換的に使用されてはならない。もし両者が同じものを意味しているのなら、文化的／生物学的という区分そのものが疑わしいということになる（Kessler & Mckenna [1978] 1985: 7）。

Kessler & Mckennaはここから、身体的差異も含めた性別のあらゆる側面が社会的構築物であると主張する。セックスもまたジェンダーである（Butler [1990] 1999: 12）とは、Butlerのよく知られたキーフレーズである。Kessler & Mckenna（[1978] 1985: 164）はこれに十年以上先立ち、すでに「セックスもジェンダーに含まれる」という見解を提起していたのである。この観点から、彼女らは基本的に性別に関わる文脈において、セックスという言葉を用いない。このタームは性行為に関わるタームとしてのみ使用され、性別に関わる現象のすべてはジェンダーという語で語られるのである（Kessler & Mckenna [1978] 1985: 7）。[2]

Kessler & Mckennaにとって、性別とは客観的事実ではない。それは「性別の帰属（gender attribution）」という日常的実践によってはじめて成立し、再生産されるものである。性別の帰属とは、われわれが初対面の人に出会ったとき、相手が男性か女性かを判断するというプロセスのことである（Kessler & Mckenna [1978] 1985: 2）。出生時に外性器の形状をもとになされる「性別の割り当て（gender assignment）」とは異なり、普段の生活でなされる性別の帰属において手がかりとされるのは外性器ではない。性器は通常、他人の目に触れることはないからである。性別の帰属は他の身体的特徴や服装・行動などからなされるが、性器はそこで帰属された性別の根拠として存在しているはずだと想定されるのである（Kessler & Mckenna［1978］1985: 154）。

彼女らの議論の特徴は、この性別の帰属という日常的実践と、科学者らによる生物学的性別の研究をパラレルにとらえる点にある。われわれは普段、性別が二つであるという前提を問うことなく、ひとをたえず男女に分類している。生物学的知識もまた、この種の実践と同様の働きによって産み出されたものなのである。日常的実践において、性別の二元性の根拠は生物学に求められる。しかし、生物学そのものが、性別は女性と男性の二つであるという前提を根拠づけられないまま探究の出発点としているのだと彼女らは言う（Kessler & Mckenna［1978］1985: 75）。

男女の行動における差異が生物学的に決定されているとする立場と、男女間に最小限の生物学的差異のみを認めるOakley（1972）のような論者らは、生物学的な要因と社会的な要因のどちらに比重を置くかという点で異なっている。しかし、両者の相違は、どこまでが生物学的でどこからが社会的かという境界線をめぐる対立でしかない。この対立において見落とされてきたのは、性別が二つに分けられるという信念を両陣営が共有しているという点である。Kesslerらによれば、そもそも問題とされるべきはこの前提なのである（Kessler & Mckenna［1978］1985: 75）。

この性別二元論への批判においてキーワードとなるのが、「生物学的な連続性（biological continuum）」である。たとえば、XXとXYという性染色体の組み合わせは、性別の二元性のもっとも有力な根拠であるように見える。しかしこの二分法ですら、つねに明瞭であるわけではない。性染色体の構成がある細胞と別の細胞で食い違うようなケース（性染色体モザイク）の存在もあり（Kessler & Mckenna［1978］1985: 52）、性染色体異常は一般に考えられているほど珍しくはないからである（Kessler & Mckenna［1978］1985: 78）。

こうして生物学的な連続性が科学的に明らかになりつつあるにもかかわらず（Kessler & Mckenna［1978］1985: 164）、性別が二つであるという信念は揺らぐことがない。それはこの前提がデータによって反証されることのない、「訂正不可能な命題」だからである。むしろデータがこの枠組みに沿うように解釈されるのである（Kessler & Mckenna［1978］1985: 74, 163）。

三　性別二元論批判の骨子

こうしてKessler & Mckennaが先鞭をつけた性別二元論批判は、近年のジェンダー研究における支配的な傾向をなしている。それは、ジェンダーの二元性がセックスの二元性によって担保されているという発想への批判である。その議論の特色は、①セックスが連続的である（スペクトラムである）ことを指摘し、②セックスの連続性とジェンダーの二元性を対照させ、③連続的なセックスを男女という二つのカテゴリーへと収斂させる作用としてジェンダーの構築性を把握し、④こうして産み出された男女というカテゴリーの非自然性（人工性）を、性別特性論や性別役割分業の無根拠性を暴くための論拠とすることである。

まず、①から見ていこう。セックスのスペクトラム説は、生物学的性別が外性器や内性器の形状、性腺、性染色体、遺伝子といった複数の水準によって構成されており、それら個々の水準が連続的であることを強調する。身長や体重や性ホルモンの量などは、男女間で重なり合う部分の多い連続変数である。外性器や内性器の形状も、男女のいずれにも分類しがたい中間形態が存在するという点でグラデーションをなしている。性染色体のレベルでも、XXとXY以外の組み合わせ（XXXやXO、XXY、XYYなど）や、モザイクやキメラが存在する。つまり、男女は生物学的にはっきりと二分することができない（Hagemann-White 1984: 33-4; Butler [1990] 1999: xxii; 上野二〇〇二a：七; 坂本二〇〇五：三〇五; Dembroff & Wodak 2021: 367; 弓削二〇二一：一一八）。

次に、②このセックスの連続性との対比においてジェンダーの二元性が強調される（Hagemann-White 1988: 228-9; Butler [1990] 1999: 137-8; 江原二〇〇一：四; Warnke 2011: 50-51）。すなわち、「遺伝子、内分泌、外性器のどれをとっても、自然界には性差の連続性があるのに対し、文化的な性差は中間項の存在をゆるさず、男でなければ女、女でなければ男、と排他的な二項対立のいずれかに、人間を分類する」（上野二〇〇二a：八–九）のだと。

③このような「セックスの連続性・蓋然性とジェンダーの不連続性・決定性」の乖離（上野二〇〇七：二八）は、セックスとジェンダーの相互関係そのものを再考させる。「オス・メスという生物学的な性差であるセックスの二分法が、文化的・社会的な性別であるジェンダーを規定しているという発想」（伊藤二〇〇〇：八）が逆転されるのである。すなわち、セックスがジェンダーを規定するのではなく、ジェンダーが

セックスを規定する。それは「セックスという生物学的性差でさえ、多様であるはずの身体的な差異を二項対立的に非対称にとらえるジェンダーという認識の産物でしかない」（伊野 二〇〇三：九九）ことを意味する。セックスの二元性そのものが、いまやジェンダーという言語作用の効果として把握されるわけである（Hagemann-White 1988: 230; Gildemeister & Wetterer 1992: 230; Butler［1990］1999: 10-1, 144-6）。

さらにこの視点は、次のように④性別役割分業の無根拠性を暴く論拠として用いられる。生物学的に見て男女をはっきりと二分することができないという事実は、「『生物学的性差』によっては、社会的な男女間格差、またその根拠としての性役割・性別分業が正当化されないことをも、明らかにした」（江原 二〇二一：一五五）のだと。そもそも男女というカテゴリーそのものが自然ではなく人工物であるなら、性別特性論や性別役割分業の拠って立つ基盤はそれ自体が虚構にすぎないということになる。生物学的性別の二元性が人工物にすぎないのなら、女性と男性にそれぞれ異なる期待や役割を割り振ることの虚構性もまた明らかである（Fausto-Sterling 2000: 31）これはたしかに生物学的決定論に対するもっともラディカルな批判であるように思われる。しかし、本当にそうなのだろうか。

四　セックスの連続性とジェンダーの二元性を対置することの陥穽

生物学的性別のスペクトラム性とジェンダーの二元性を対比し、二元的カテゴリーとしてのジェンダーの人工性を強調する。この立論においてジェンダーの構築性とは、連続体としてのセックスに分割をもたらし、男女という二分化されたカテゴリーを構築するという操作の恣意性を意味する。このロジックの危うさは、セックスが二元的である程度に応じて、ジェンダーの構築作用が減殺されるという両者の関係にある。

たとえば、井上（二〇一一：一八）は身体の性が「さまざまな中間形態を含むグラデーション」であると述べ、ヒトの性分化の過程を次のように解説する。「XO、XXY、XYYなど、性染色体自体の変異形も一定程度存在するし、性腺の未発達や機能不全、性ホルモンの配合比などによって、内性器や外性器が、女性（男性）として十全に発達しない場合がある」（井上二〇一一：一七、強調引用者）と。「変異系」や「未発達」「機能不全」といった表現は、ここで問題となっているのが性分化のメカニズムの異常であることをしめしている。それはセックスが二元的であるという枠組みによって、解明が可能な現象なのである。

また千田（二〇一三）は、この非典型的な性分化（性分化疾患）の発生率について、次のように論じる。性分化疾患は特殊な事例に見えるが、「二千人に一人という数」は、けっして少なくはないのだと（千田二〇一三：一一）。千田はこの割合を少なくないと評するが、はたしてそうだろうか。この数値は、まったく逆の結論を導き出すための論拠にもなりうる。すなわち、それはほとんどの人間が男女に二分されうることの証とも見なせるはずである。

千田にとって、セックスのスペクトラム性は男女というカテゴリーの人工性を暴くための重要な根拠である。「『自然』であるはずの身体は、必ずしもはっきりと男女には分けられてはいない」とき、「身体を『男』や『女』に作りあげていくのは、……性別には『男』と『女』しかないという、性別についての言語のありかた」だと言えるからである（千田二〇一三：一二）。

この場合、性別は「実体的な身体の差異に基づいて分けられている」というより、「『男』や『女』という言葉によるカテゴリーがあることによって、逆に実体的な身体の違いが認識されている」（千田二〇一三：一一）ということになる。千田によれば、これこそがセックスもジェンダーであるという主張の含意である。「『男』と『女』のカテゴリーのどちらかに、私たちを割り振ろうとする力」（千田二〇一三：一四）であるところのジェンダーが、その効果としてセックスを二元的であると**誤認**させるのである。

> ……実際には、「セックス」は、さまざまな男女の**スペクトラム**（連続体）として存在しています。それ**にもかかわらず**、私たちがつねに人を男女に分けて考えるとしたら、人を「男」と「女」に分けようとする私たちの考え方のほうに焦点を当てる必要があるのではないかという疑問が生じます。（千田二〇一三：一四、強調引用者）

ここではセックスのスペクトラム性と、「私たちがつねに人を男女に分けて考える」という事実が逆接で結ばれ、後者の不自然さが際立たされている。しかし、この主張を裏返すなら、**セックスが非連続的である程度に応じて**、われわれが「つねに人を男女に分けて考える」傾向は自然化されうるということになる。つまり、セックスを構成する複数の水準の不一致が稀少であればあるほど、「『男』と『女』のカテゴリーのどちらかに、私たちを割り振ろうとする力」の人為性は弱められるのである。セックスが二元的であるなら、社会的カテゴリーとしての男女の区分は人工的ではないということになるからである。男女というカテゴリーの非自然性をセックスのスペクトラム性によって根拠づけるというこのロジックに依拠する限り、二千人に一人という非典型例の割合が、ジェンダーというカテゴリーの構築性を主張するうえで有利に働くことはないだろう。(2)

五　セックスという分類は恣意的か？

伊藤（二〇〇八）もまた、虹の色を例として分類の恣意性を指摘する池田（一九九二）を引きながら、千田と似た認識をしめしている。われわれにとって虹は通常七色だが、他の文化では五色であったり二色や三色であったりする。この多様性がしめすのは、名称による分類が実体としての色に先立つということである。まず色という実体があり、それに対応した名前が生み出されるのではない。まず色の名づけがなされたあとで、「なまえによって分節されたかくしかじかの色が、あたかも実体のような貌をして現れてくる」のである（池田 一九九二：二二）。

伊藤はこの指摘を受け、「当然、オス、メスという二分類も、人為的なもの」であると結論づける。「人間の側が、実際は、個々に多様性のある生命体を、オス、メスの二つへと人為的に分類してきた」のである（伊藤 二〇〇八：二三〇）。この見解の妥当性は、セックスのスペクトラム性という認識が正しいか否かにかかっている。すなわち、「私たちの生物学的な性のあり方は、必ずしも単純に二つに分けられるわけではない」のであり、「私たちの性は、生殖器、ホルモン、染色体といった要素からみて、この〔生物学的な男女という〕両極端の間のどこかに位置する」（伊藤 二〇〇八：二五）という、グラデーションとしての性別の把握である。

しかし、他方で伊藤は、性染色体や外性器の形状における非典型例が「出現率はきわめて小さい性のあり方」であり、「人間の多くは、オスとメスの二形にだいたい分類できる」ことを認めもするである（伊藤 二〇〇八：二五）。だとすれば、生物学的性別という分類の恣意性は、この指摘をもって論駁されるはずである。

生殖機能を弁別基準とする限りにおいて、人間を二つに分けることには根拠がある。二というカテゴリーの数は分類をする側が恣意的に持ちこんだものではなく、有性生殖という現象そのものが要求するものである。もちろん、すべての人間が相互に排他的な二つのカテゴリー（女性と男性）のいずれかに分けられるわけではない。しかし、この非典型的な事例の存在は、生物学的分類としての性別の二元性を否定しない。

これに対して加藤（二〇〇六）は、次のように反論する。一部の生物学者らは、非典型例を少数の「例外」として切り捨て、そのような事例の存在をもって男女の連続性を言うのはおかしいと主張する。しかし加藤（二〇〇六：七三）によれば、これは「論理的には完全に倒錯した議論」であるにすぎない。なぜなら、二元的性別が基本形であるという前提の根拠そのものが問われているのに、彼らはこの前提に依拠して二元的性別に当てはまらない事例を例外と見なすからである。

性染色体、性腺、外性器という性別の多層性、各層における形態の連続的な分布、そして各層のあいだに存在しうる「非典型的な組み合わせ」は、身体に二元的性別の根拠があるという一般的な理解をしりぞける（加藤 二〇〇六：七二―三）。「肉体そのものに即して見れば、男と女という二元的な〈性別そのもの〉の根拠は見つからなかった」（加藤 二〇〇六：七四）のである。しかし、「私たちは、『人間には男と女しかいない』という信念を、論理的には根拠づけることのできないまま保持している」（加藤 二〇〇六：八四）とまで言い切りながらも、加藤は次の箇所であっさりと性別の二元性を認める。

……有性生殖を成功させるためには、それぞれの個体が自他の性別を〈認知〉する能力を発達させることが不可欠でした。この水準では、性別は明らかに〈二元的〉、すなわちオスとメスの二つしかありません。（加藤 二〇〇六：八五）

ここで加藤が導入するのが、他の動物と同じく、人間にも「（同種の）異性を見分ける生物学的なメカニズム」が存在するという仮定である。それは加藤によれば、われわれが「肉体のつくりの多様性にもかかわらず二元的性別という観念を持ち、それを前提に生活を営んできたことの基盤」をなすものである（加藤 二〇〇六：八二）。しかし、この仮定の妥当性はともかく、**見分ける**という表現そのものが、二元的性別の根拠は肉体に見いだされえないという加藤の当初の主張を裏切っている。それはあらかじめ見分けられるべき差異が身体のうちに存在することを前提としているからである。つまり、肉体のつくりの多様性**にもかかわらず**、われわれが性別は二つだと信じてきたのではなく、肉体のつくりそのものが二元的なのである。

したがって、連続的なセックスから男女という二つの性別が人工的に切り出されるのではない。二元性はあらかじめ身体に備わっているからである。人為性や恣意性が問われるべきは、「肉体の連続性から生殖機能という一点を切り出し、そこから二元的性別という〈現実〉をつくりだ」す（加藤 二〇〇六：八〇、強調引用者）という操作のほうである。これは、連続体としてのセックスから「個々の肉体の多様性が縮減されて『男』と『女』という二つだけの記号にまとめあげられる」（加藤 二〇一七：二三―四）こととはまるで別種の現象である。

まず、「個々の肉体の多様性が〈男女という二つの性別へと〉縮減され」ると言われるとき、この多様性は二元的な性別に収まりきらないセックスのスペクトラム性を含意している。一方、「肉体の連続性から生殖機能という一点を切り出す」という文脈における「肉体の連続性」は、セックスのスペクトラム性とはまったくの別物でなければならない。ここで対置されているのは、生殖機能とそれ以外の身体的特徴だからである。(4) しかし、この二種類の論点は「肉体の多様性」と「肉体の連続性」という表現の見かけ上の類似性をつうじて、シームレスに接続されている。この二種類の手続きの混同は、性別二元論への批判が何を見落としてきたのかを考えるうえで、きわめて重要な示唆を与えてくれる。

六　性別二元論批判が見落としてきたもの

実は、性別二元論を根本的に懐疑したKessler & Mckennaも、加藤と同じような展開に陥っている。彼女らは性別が男女の二つであるという前提を根本的に疑いながらも、次の箇所で性別の二元性をあっさり認めるのである。

> 一部の人びとは、人生のある時期に、精細胞ないしは卵細胞の持ち主として同定されることを望むかもしれない。そのような時期を除いては、性別が含意するどんな二元的特徴によっても（on *any* of the dichotomies which gender implies）人びとを区別する必要はない。（Kessler & Mckenna [1978] 1985: 166、強調原文、傍線引用者(5)）

つまり、「生殖にまつわる二元性（reproductive *dichotomy*）」は、生涯をつうじて存在するものではないのだから、それが人びとの本質的な特徴とみなされるのはおかしいだろうとKessler & Mckennaは言うのである（Kessler & Mckenna [1978] 1985: 166、強調原文）。ここで彼女らは、少なくとも人生のある時期において、「生殖にまつわる二元性」が合理的な区分として存立しうることを認めている。配偶子のタイプが問題となるような時期以外は性別で人間を分ける必要がないということは、そのような時期において性別を参照することには合理性があるということだからである。しかし、こうして生殖機能を弁別基準として人間を二つに分けられることを前提として受け入れるなら、男女二分法には根拠がないという彼女らの立論自体が掘り崩されることになる。

性別が二元的であるという前提への徹底的な批判の末にKessler & Mckennaがたどり着いた結論は、二元論批判においてどのような視点が抜け落ちてきたのかを明らかにしている。この一節において重要なのは、（子どもが欲しいなどの事情によって）配偶子のタイプを特定すべき理由がある場合を除いては、性別によって人間を分ける必要はないという彼女らの指摘である。

ここでわれわれは、あらためて次の問いに立ち戻ることになる。そもそもなぜ、生物学的分類としての性別の人為性を主張する必要があったのかと。問題とされるべきは、人間を男女の二つに分けることではなく、生殖機能を参照する必然性のない文脈でそれを行うことではないのか。[6] 千田の先の表現を借りるなら、「私たちがつねに人を男女に分けて考える」（千田 二〇一三：一四、強調引用者）ことが問題なのであって、「人を男女に分けて考える」こと自体が問題なのではない。問われるべきは「本来〔性別と〕関係ない文脈で男女に分割すること」（千田 二〇一三：一三、強調引用者）なのであり、「男女に分割すること」そのものではない。

「人間を男女に分けること（あるいは人間は男女に分けられるという信念）」が問題なのか、それとも生殖機能とは関わりのないところで性別というカテゴリーを参照することが問題なのか。性別二元論への批判においては、この二つの論点が切り分けられることなく混在している。そして男女という二分法の自明性を覆すことに拘泥するあまり、後者の視点を後景に退けてしまうのである。

たとえば、Lorber (1994) はKessler & Mckennaの影響を受けつつ、性別二元論がいかにわれわれの理解を根深く規定しているかを、以下のように指摘する。異性装者やトランスセクシュアルの人びと、半陰陽者もふくめ、あらゆる人びとが男女いずれかの性別欄を否応なく選ばされる。生理学的・生物学的特徴がその書類の利用目的とは無関係であっても、である。すべての子どもは女の子か男の子のどちらかに分類され、すべての大人は女性か男性かに分けられる。これがすべての人間がジェンダー化されている社会である（Lorber

1994: 38)。

　Lorberはここから、生物学的に異なる二つの性別が存在するという前提そのものを疑うという方向へと話を進める。まず、遺伝子や生殖器、ホルモンの状態は必ずしも一致せず、また月経や授乳や妊娠も、女性と男性を区別する基準にはならない。すべての女性が妊娠するわけではないし、子宮や卵巣を持たない女性もいるからである。生理が一時的に止まった女性もいれば、閉経した女性もおり、子宮を摘出した女性もいる。外科手術を受ける前のMtFトランスセクシュアルの人びとは、精子を産出することもあるが、社会的には女性である、等々（Lorber 1994: 39）。

　Lorberにとって、こうして性別が女性と男性の二つに分けられるという前提を崩すことは、現在の性別秩序をもっともラディカルに問いなおすことである（Lorber 1986: 568）。しかしそもそもの問題は、生殖機能とは無関係な文脈（生殖機能を参照する必要のない書類の記入）においてすら、性別というカテゴリーが参照されることではなかっただろうか。生殖機能にもとづく人間の分類がつねに重視されるという現実を問いなおすために、はたしてこの二元的セックスの無根拠性を言う議論は必要なのだろうか。性別が二つであるという信念への批判を重ねれば重ねるほど、話は本筋から逸れていくようである。そしてすでに指摘したように、Lorberが採用した生物学的セックスの虚構性という立論には決定的な限界がある。

七　性別二元論の何が問題なのか

高橋（二〇〇四）もまた、われわれが「認知－実践レベルで性差二元論に囚われてしまう」様子を、次のように描写する。

> だが、生物学的な性別は一般に考えられているほど単純に男性か女性か区別できるものではない。……**そうで****あるにもかかわらず**、多くの場合、私たちは新生児の外性器から判断された性別を無邪気に受け止め既成事実化していく。私たちは出生届けに子どもの性別を記載し、その後の養育過程で性別に応じて異なった接し方を子どもに対してするだろうし、また子ども自身も自らの性別を遠からず認知するようになるであろう。（高橋 二〇〇四：二、強調引用者）

ここでは生物学的性別が男女の二つではないという主張と、

あらゆる場所でつねに性別が問われるようなジェンダー化された社会の現状とが逆接で結ばれている。セックスのスペクトラム性が、ジェンダー化された社会秩序の人工性を際立たせるのである。

しかし、この場面において真に不自然なのは、われわれが「新生児の外性器から判断された性別を無邪気に受け止め」ることではない。問われるべきは、その文脈において生殖機能を参照する必然性がないにもかかわらず、「出生届けに子どもの性別を記載し、その後の養育過程で性別に応じて異なった接し方を子どもに対してする」ことのほうである。また、まだ生殖機能が備わってもいないうちから「子ども自身も自らの性別を遠からず認知するようになる」ことのほうである。

これについて竹村（二〇〇〇）は、「本来関係のない文脈で男女に分割すること」（千田二〇一三：一二三）という観点から重要な指摘をしている。

> 産まれてきた赤ん坊は——最近のテクノロジーの発達によって、ときに産まれるまえから——外性器によって、うむを言わせず男の子か女の子に分けられる。もしもその理由が、性別が将来子供を産むときの機能として重要だからというのであれば、そのような事態が出現したときに、その必要に応じて、性別を話題にすれば済むことではないだろうか。（竹村二〇〇〇：四八）

竹村は生殖機能が参照されてしかるべき文脈として、次のようなケースを挙げている。すなわち、性別とは本来、「子どもを産むという話題が発生したときにのみ、付随的に言及される」か、「たまたま性器的な接触をする／接触をした人間たちが異性同士のときに、受胎の可能性をめぐって話題にされたり、異性と性器的な接触をせずに子供を望む人間（たち）が人工受精や代理母や養子縁組を考えるときに、時期的な事柄として登場するだけ」の要素にすぎないはずだと（竹村二〇〇〇：四九―五〇）。しかし、実際にはそうはなっていない。性別は「次代再生産が問題になるときにのみ浮上する話題ではなく、つねに繰り返しわたしたちを分類しつづけている差異化軸」（竹村二〇〇〇：五〇）だからである。

これは、われわれがつねに人を男女に分けて考えることの不自然さを指摘しているという点で重要な一節である。しかし竹村の場合もまた、ここから別の方向に話が流れはじめる。それは「セックスという虚構」（竹村二〇〇〇：五三）の無根拠性を暴くという方向性である。これにともない、次のような事態が焦点化されることになる。つまり、「あたかも生殖が中心的な要件であるかのように人を男女に二分する社会的なジェンダー規範が、性に関する身体把握において、何よりもまず外性器の形状を特権化し、それを中心に身体を意味づけ、『二種類の身体』という虚構を作り上げて、人を男女どちらかに振り分けていく」ことが問題なのだと。そして男女というカテゴリーへの振り分けは事実ではなく、イデオロギーにもとづいているのである（竹村 二〇〇〇：五三）。

この箇所には、これまでの議論ですでに指摘された二つの論点が混在している。まず、われわれが性別とは関係のないはずの文脈においても、「あたかも生殖が中心的な要件であるかのように人を男女に二分する」という指摘が一点目である。これに対する二つ目の論点は、そもそも人間を二つの性別に分けること自体に根拠がないという性別二元論への批判である。ここで竹村の力点は、はっきりと一点目から二点目へとシフトしている。

こうして批判の焦点は、「性を外性器の形状によって分類する見方」と、「性を二つに分類する見方」へと収斂する（竹村 二〇〇〇：五一）。しかし、生殖が中心的な要件となる文脈に限って言うなら、性別を外性器の形状によって（ひとまず）分類することには十分な根拠があるし、性別を二つに分類することも同じである。根拠がないのはひとを男女に分けることではなく、必然性もないのに生殖機能でひとを分類することのほうである。

この竹村の記述からも見てとれるとおり、性別二元論への批判はあたかもひとつ目の論点のアップグレード版であるかのように登場する。しかし、もし男女という二種類の身体が幻想にすぎないのなら、なぜ子どもを望む人びとにおいて性別が話題にされてしかるべきなのかがよくわからなくなる。つまり、生殖機能を基準とする人間の分類を前提として、それが参照される文脈の妥当性を問うというアプローチ(7)と、男女という二元的性別そのものを虚構と見る性別二元論批判は、根本のところで折り合わないのである。

八　おわりに

こうして近年の社会構築主義的フェミニズムが性別二元論批判へと舵を切ったことによって、失われた視点がある。Kessler & Mckenna は当時のフェミニズムの限界を、二つの性別の存在を客観的事実として受け入れるという点に見いだしていた。しかし、二元論への徹底した批判の果てに彼女らがたどり着いた結論は、彼女らが批判の出発点とした場所にあまりによく似ている。

性役割の廃絶を求めるフェミニストらの主張を、Kessler & Mckennaはこう要約していた。性別が身体面において二型的であるとしても、生殖に関わるいくつかの生物学的差異を除いては、区別をする**必然的な理由はない**はずだ、と(Kessler & Mckenna [1978] 1985: 163)。また、その代表例としてのRubin(1975: 204)にとっての理想とは、誰かの人間性や行為や性的パートナーの選択において、本人の解剖学的性別が関わりをもたない(irrelevant)ような社会であった。配偶子のタイプを特定すべき理由がある場合以外は、性別によって人間を分ける必要はないというKessler & Mckennaの結論は、結局のところ発想としてはこれらと同じである。

性別二元論に根本的な疑義をつきつけたLorberも、同じような結論にいたっている。われわれが乳児を前にして性別をもはや尋ねなくなったとき、そして生殖器についての情報が子どもの目の色と同じ程度にどうでもよい(irrelevant)ものになったとき、はじめて真の意味での平等が実現されたと言えるだろうとLorber(1994: 302)は指摘する。これこそがわれわれの引き継ぐべき指摘である。われわれが子どもの性別に関心を持つのは、生殖機能を弁別基準とする分類がその子どもの社会的運命を決定するからである。つまり、「性別に関係ない文脈での性別による異なった処遇」(千田 二〇一三:一六)が大規模になされている社会のあり方こそが問題なのである。

つねにあらゆる局面において性別というカテゴリーが参照されるようなジェンダー化された社会秩序そのものを問いなおす。それが性別二元論への批判の出発点となる着眼であったはずである。しかし、この問題提起に対して性別二元論批判は、セックスの二元性そのものが虚構であるという方向で論を進めてきた。それは結果的に、性別というカテゴリーが参照されてしかるべき文脈などないと主張するに等しい。だが、Kessler & Mckennaや竹村のような性別二元論の苛烈な批判者らですら認めるとおり、そんなことはないのである。

性別という分類そのものの恣意性と、性別という分類をある特定の文脈で参照することの恣意性という二つの論点は、分けて考察される必要がある。もしAという分類自体が恣意的であるなら、Aという分類基準を参照することは**つねに**恣意的である(=必然性がない)。つまり、下記の①と②は同時には成り立たない。

① Aは、恣意的な分類である。

② Aという分類を参照することは、**ある文脈において**恣

意的であり（＝必然性がなく）、別の文脈においては恣意的ではない。

たとえば、交通量を規制するための試みとして、車のナンバーを基準に通行を制限するといった方法が知られている。偶数の車は火曜日、奇数の車は水曜日に運転できないといったルールである。この場合、偶数ナンバーと奇数ナンバーの車という分類が恣意的であることは明らかである。ナンバーの偶数・奇数という車の分け方に必然性はなく、分類方法は何でもよいからである。偶数・奇数ナンバー車という分類は、交通規制という目的のために便宜上生み出された仮のカテゴリーである。この分類が恣意的であることが明らかである以上、ある特定の文脈においてこの分類を参照することが恣意的であるという指摘はリダンダントである。偶数・奇数ナンバーの車という分類が、必然性をもって参照される場面があるとは考えにくいからである。つまり、①の立場をとるなら、②を主張することはできない。Aというカテゴリーが恣意的であるなら（①）、そのカテゴリーがどの文脈において恣意的であり、どの文脈においてはそうでないかを問うこと（②）は意味をなさなくなるのである。

たとえば、牟田（二〇〇六）はButler（[1990] 1999）に依拠して、「セックス」という自然の事実に見えるものが、実は「政治的・社会的な利害に寄与するために、さまざまな科学的言説によってつくりあげられたものにすぎない」と論じている。「人をつねに『男』『女』に絶対的に二分する思考」がまずあり、それによって「その思考に都合のよい『基準』が取り出され『自然』なものとして要請される」のだと。つまり、生殖器の形状や遺伝子は、男女二分法を後付けで正当化するための恣意的な基準であるというわけである。ここで擁護されているのは、セックスというカテゴリーが無根拠な分類であるという認識である。しかし、牟田はここから、「男女の身体的差異が実際に意味をもつ場面は非常に限定的である」と続ける。この限定性にもかかわらず、われわれは「いかなる状況にあっても人間存在を『男』『女』に二分してとらえるのが『自然』であるかのように考えてしまう」のであり、その点こそが問題なのだと（牟田二〇〇六：三–四）。

しかし、セックスという分類が無根拠（恣意的）であるという立場に依拠するなら、このカテゴリーを参照する必然性のある文脈など存在しないはずである。生殖機能にもとづく分類が恣意的であるという立場をとるなら、この分類を参照することはすべての場面において恣意的であると主張しなければ一貫しない。逆に、男女の身体的差異を参照すべき文脈とそうでない文脈が存在するのなら、セックスという分類そのものは少なくとも恣意的ではない。つまりここでは、ふたつの相容れない主張が接続されているのである。性別二元論批判によって、フェミニズムは生殖機能による分類の無根拠性を主張してきた。しかしその一方で、それは生殖機能という弁別基準が恣意的に（＝必然性なく）選択される場面があるという指摘も維持してきた。これは論理的な矛盾である。

生物学的分類としての性別の二元性を否定することは、本質的な論点ではない。必要なのは、二元性がつねに社会を構造化するカテゴリーとして機能しているという事態の奇妙さを見据えることである。そして、どのような文脈においてこのカテゴリーが参照されることが妥当であるのかを問うことが重要なのである。

注

（1）Kesslerらの仕事は、性別二元論批判の代表的論者であるButlerにも大きな影響を与えている（Butler［1990］1999: 194）。

（2）たとえば、彼女らはこれが奇異な表現であることを認めながらも、「性染色体（sex chromosome）」をgender chromosomeと表記するほどの徹底ぶりである。

（3）これはFausto-Sterling（2000: 53）のように、性分化疾患の割合を1.7%と異例に多く見積もったとしても同じことである。

（4）ここで「肉体の連続性から生殖機能という一点を切り出」すとは、「それ自体では意味を持たないさまざまな身体的差異のうち、特定の差異に注目してそれに特権的な意味を与え」る（上野二〇〇二b：七）という手続きである。

（5）先に述べたとおり、彼女らは通常sexという語で表現されるような生物学的性別についても、意識的にgenderという語を採用する。この箇所でのgenderは、明らかに内容としてsexを意図したものである。

（6）本稿は、生殖機能を参照する必然性のない文脈ではそれを行うべきではないという規範的見解に依拠している。これはもちろん、歴史的・文化的に相対化されうる前提である。この規範が有効であるのは、帰属原理ではなく業績原理を是とする社会に限られるからである。正当な理由がない限りは、人びとが年齢や性別、人種、出身地、出身階層などの帰属的特性によって異なる扱いを受けてはならないという原則が、この規範的前提の根拠である。

（7）先のRubin以外にこのアプローチを採用する論者として、ジェンダー概念を社会学に導入したOakley（1972: 209）

をはじめ、Mathieu（1977:13）、Okin（1989: 171）、Bem（1993：192）、Delphy（1993: 4）などが挙げられる。

文献

Bem, S. L., 1993, *The Lenses of Gender: Transforming the Debate on Sexual Inequality*, New Haven, Yale University Press.

Butler, J., [1990] 1999, *Gender trouble: Feminism and the subversion of identity*, New York, Routledge.

Delphy, C., 1993, "Rethinking Sex and Gender", in *Women's Studies International Forum* 16 (1).

Dembroff, R. and D. Wodak, 2021, "How Much Gender is Too Much Gender?" in *Routledge Handbook of Social and Political Philosophy of Language*, eds. J. Khoo and R. K. Sterken eds., London, Routledge.

江原由美子、二〇〇一、『ジェンダー秩序』勁草書房

———、二〇二二、「ジェンダー／セクシュアリティのゆくえ」友枝敏雄・樋口耕一・平野孝典編『いまを生きるための社会学』丸善出版

Fausto-Sterling, A., 2000, *Sexing the Body: Gender Politics and the Construction of Sexuality*, New York, Basic Books.

Gildemeister, R. und A. Wetterer, 1992, "Wie Geschlechter gemacht werden", in *TraditionenBrüche*. Hrsg. G-A. Knapp, Freiburg, Kore.

Hagemann-White, C., 1984, *Sozialisation: weiblich — männlich?* Opladen, Leske + Budrich.

———, 1988, "Wir werden nicht zweigeschlechtlich geboren …", in *FrauenMännerBilder*, Hrsg.C. Hagemann-White und M. S. Rerrich, Bielefeld, AJZ-Verlag.

池田清彦、一九九二、『分類という思想』新潮社

伊野真一、二〇〇三、「セクシュアリティの社会学」『子犬に語る社会学・入門』洋泉社

井上輝子、二〇一一、『新・女性学への招待』有斐閣

伊藤公雄、二〇〇〇、「ジェンダー学入門」日本ジェンダー学会『ジェンダー学を学ぶ人のために』世界思想社

———、二〇〇八、『新訂　ジェンダーの社会学』放送大学教育振興会

加藤秀一、二〇〇六、『知らないと恥ずかしいジェンダー入門』朝日新聞出版

———、二〇一七、『はじめてのジェンダー論』有斐閣

Kessler, S. and W. McKenna, [1978] 1985, *Gender: An Ethnomethodological Approach*, Chicago, University of Chicago Press.

Lorber, J., 1986, "Dismantling Noah's Ark", in *Sex Roles* 14.
———, 1994, *Paradoxes of gender*, New Haven, Yale University Press.
Mathieu, N.-C., 1977, *Ignored by Some, Denied by Others: the Social Sex Category in Sociology*, London, Women's Research and Resources Centre Publications.
牟田和恵、二〇〇六、『ジェンダー家族を超えて』新曜社
Oakley A., 1972, *Sex, Gender and Society*, London, Temple Smith.
Okin, S. M.,1989, *Justice, Gender, and the Family*, New York, Basic Books.
Rubin, G., 1975, "The Traffic in Women: Notes on the 'Political Economy' of Sex", in *Toward an Anthropology of Women*, ed. R.R. Reiter, New York and London, Monthly Review Press.
坂本佳鶴恵、二〇〇五、『アイデンティティの権力』新曜社
千田有紀、二〇一三、「性別をとらえなおす」千田有紀・中西祐子・青山薫『ジェンダー論をつかむ』有斐閣
高橋裕子、二〇〇四、「ジェンダー・アイデンティティの実践」池内靖子・二宮周平・姫岡とし子編『改訂版　21世紀のジェンダー論』晃洋書房
竹村和子、二〇〇〇、『フェミニズム』岩波書店
上野千鶴子、二〇〇二a、『差異の政治学』岩波書店
———、二〇〇二b、「ジェンダー研究への誘い」アエラ編集部『AERA Mook ジェンダーがわかる』朝日新聞社
———、二〇〇七、「ジェンダー概念の意義と効果」辻村みよ子編『ジェンダーの基礎理論と法』東北大学出版会
Warnke, G., 2011, *Debating Sex and Gender*, Oxford, Oxford University Press.
弓削尚子、二〇二一、『はじめての西洋ジェンダー史』山川出版社

（ふるかわ　なおこ・長崎総合科学大学専任講師）

二〇二三年度　日本社会学史学会奨励賞

（二〇二四年度大会表彰）

第一五回受賞者　**池田直樹**（神戸大学）

受賞対象研究『ピーター・L・バーガー―分極化するアメリカ社会と対峙した社会学者―』ナカニシヤ出版　単著　二〇二三年一月三一日発行

第一五回受賞者　**高艸　賢**（千葉大学）

受賞対象研究『シュッツの社会科学認識論―社会の探究が生まれるところ―』晃洋書房　単著　二〇二三年三月一〇日発行

日本社会学史学会奨励賞歴代受賞者（所属は受賞当時）

二〇〇〇年度（二〇〇〇年大会表彰）

第一回受賞者　**出口剛司**（東京大学）

受賞対象研究「二つの文化社会学のはざまで―社会学の精神分析経験―」『情況』（一九九九年六月号、情況出版）、論文、一九九九年

二〇〇一年度（二〇〇一年大会表彰）

第二回受賞者　**挟本佳代**（法政大学）

受賞対象研究『社会システム論と自然』法政大学出版局、単著、二〇〇〇年四月

二〇〇二年度（二〇〇二年大会表彰）

第三回受賞者　**森川剛光**（日本学術振興会）

受賞対象研究「行為・世界および科学」〔独文〕、論文、二〇〇一年

二〇〇三年度（二〇〇三年大会表彰）

第四回受賞者　**竹中克久**（日本学術振興会）

受賞対象研究「組織文化論から組織シンボリズムへ―〈シンボルとしての組織〉概念の提唱―」『社会学評論』（五三巻二号）、論文、二〇〇二年

二〇〇四年度（二〇〇四年大会表彰）

第五回受賞者　**保坂　稔**（日本学術振興会）

受賞対象研究『現代社会と権威主義―フランクフルト学派権威論の再構成―』東信堂、単著、二〇〇三年一二月

二〇〇五年度（二〇〇五年大会表彰）

第六回受賞者　**巻口勇一郎**（常葉学園大学）

受賞対象研究『デュルケム理論と法社会学―社会病理と宗教、道徳、法の相互作用―』信山社出版、単著、二〇〇四年五月

第六回受賞者　**菊谷和宏**（和歌山大学）

受賞対象研究『トクヴィルとデュルケーム―社会学的人間観と生の意味―』東信堂、単著、二〇〇五年三月

二〇〇六年度　該当者なし

二〇〇七年度（二〇〇七年大会表彰）
第七回受賞者　**山田陽子**（神戸大学）
受賞対象研究　『「心」をめぐる知のグローバル化と自律的個人像―「心」の聖化とマネジメント―』学文社、単著、二〇〇七年一月

二〇〇八年度（二〇〇八年大会表彰）
第八回受賞者　**清水強志**（専修大学）
受賞対象研究　『デュルケームの認識論』恒星社厚生閣、単著、二〇〇七年三月
第八回受賞者　**犬飼裕一**（北海学園大学）
受賞対象研究　『マックス・ウェーバーにおける歴史科学の展開』ミネルヴァ書房、単著、二〇〇七年七月

二〇〇九年度　該当者なし

二〇一〇年度　該当者なし

二〇一一年度　該当者なし

二〇一二年度（二〇一二年大会表彰）
第九回受賞者　**清水晋作**（盛岡大学）
受賞対象研究　『公共知識人　ダニエル・ベル―新保守主義とアメリカ社会学』勁草書房、単著、二〇一一年三月

二〇一三年度（二〇一三年大会表彰）
第一〇回受賞者　**恒木健太郎**（追手門学院大学）
受賞対象研究　『「思想」としての大塚史学―戦後啓蒙と日本現代史―』新泉社、単著、二〇一三年三月

二〇一四年度（二〇一四年大会表彰）
第一一回受賞者　**多田光宏**（熊本大学）
受賞対象研究　『社会的世界の時間構成―社会学的現象学としての社会システム理論―』ハーベスト社、単著、二〇一三年一二月

二〇一五年度　該当者なし

二〇一六年度　該当者なし

二〇一七年度（二〇一七年大会表彰）
第一二回受賞者　**濱西栄司**（ノートルダム清心女子大学）
受賞対象研究　『トゥレーヌ社会学と新しい社会運動理論』新泉社、単著、二〇一六年七月

二〇一八年度　該当者なし

二〇一九年度　該当者なし

二〇二〇年度（二〇二〇年大会表彰）
第一三回受賞者　**流王貴義**（東京女子大学）
受賞対象研究　『デュルケムの近代社会構想―有機的連帯から職能団体へ』ミネルヴァ書房、単著、二〇一九年三月

二〇二一年度（二〇二一年大会表彰）
第一四回受賞者　**磯　直樹**（日本学術振興会）
受賞対象研究　『認識と反省性―ピエール・ブルデューの社会学的思考』法政大学出版局、単著、二〇二〇年二月

二〇二二年度　該当者なし

二〇二三年度　該当者なし

『社会学史研究』第 46 号　編集委員・論文審査委員（五十音順）

編集委員

小松丈晃　多田光宏

論文審査委員

大貫挙学　鎌田大資　左古輝人　徳久美生子

編集後記

『社会学史研究』第四六号をお届けいたします。この三年間、私たち二人（小松丈晃・多田光宏）で本誌の編集を担当してきましたが、今回の号が最後となります。

本号では、二〇二三年六月に対面で実施された日本社会学史学会大会（於：日本大学）でのシンポジウム「学説史を通じて『社会学』とは何だったのかを問うⅡ―一九二〇〜六〇年代 諸理論パラダイムの形成―」をもとに、特集を組んでおります。前号で取り上げたデュルケム、初期シカゴ学派、ウェーバーを承けて、一九二〇・三〇年代から始まるシュッツの現象学的社会学、また、初期・中期のパーソンズ社会学、そして、初期フランクフルト学派（とくにフロム）、それぞれの形成・展開過程、またそのアクチュアリティについて、大会で報告者としてご登壇いただいた方々にご寄稿いただいております。

また、今号には、二本の投稿論文がありましたが、最終的には、一本のみの掲載となりました。投稿数そのものが少ないのは寂しい限りですので、会員の皆様には、質の高い御論考を積極的に投稿していただければ幸いです。また、広く社会学史およびそれに関連するご研究をされている方が周りにいらっしゃいましたら、本学会への入会及び本誌への御投稿の呼びかけをお願いします。

年末年始を含むたいへんお忙しい時期に、（ときには複数回にわたる）査読の作業にご尽力いただきました論文審査委員の方々には、この場を借りて深く御礼申し上げます。

（小松丈晃）

日本社会学史学会『社会学史研究』投稿規定

二〇〇三年一〇月二五日理事会承認
二〇〇八年 五 月一七日一 部 改 正
二〇一〇年一二月一一日一 部 改 正
二〇一一年一〇月一五日一 部 改 訂
二〇一六年 一 月二一日一 部 改 訂

一．本誌への投稿は、当該年度の会費を完納した日本社会学史学会の会員に限られる。

二．投稿論文は未発表のものに限られる。ただし、口頭での発表についてはこの限りでない。

三．他の学会誌との二重投稿は、これを認めない。

四．投稿者は一一月五日（当日消印有効）までに、審査用原稿四部（うち三部には執筆者名を記載しないこと）を社会学史研究』編集委員会（〒一五六―八五五〇　東京都世田谷区桜上水三―二五―四〇　日本大学文理学部社会学研究室内日本社会学史学会事務局気付）宛て、書留郵便・宅配便等で提出すること。締め切り後の投稿は一切認めない。

五．論文の枚数は、論文タイトル、補註、参考文献等をすべて含めて四〇〇字換算で五〇枚以内とする。ただし、書評ならびに新刊紹介については、四〇〇字換算で一〇枚以内とする。
①参考文献については、著者名、発行年、題名、出版社等の順に記載。
②註と参考文献は区別すること。

六．投稿者は、投稿論文の他に以下の事項を明記した別紙を添付すること。
①氏名（英文表記を付記すること）、
②住所、電話番号、メールアドレス、
③所属機関と職名等、
④論文タイトル（日本語と英語）

七．提出された論文は、修正を条件に掲載を認められることがある。

八．論文の掲載が認められた場合には、論文の内容を保存した電子媒体の提出が求められる。

九．本誌に掲載された論文の著作権は、日本社会学史学会に帰属する。ただし、執筆者による転載は、当学会への届け出を条件として保証される。

以上

『社会学史研究』執筆要項

本執筆要領は、執筆者の便宜のため作成されたものです。執筆の際に参考にしてください。

1　原稿は縦書きとする。

2　註と参考文献は、分けて記載する。

3　本文と註には、著者、出版年、頁の順で記載する。

(1)　著者名は姓のみ記載とし、同姓の文献がある場合には名の一字を付け加える。

(2)　外国語文献は算用数字、邦文文献は漢数字を用いる。

(3)　原著ページに加えて翻訳書ページを記載する場合は漢数字とする。

(4)　著名な邦訳文献については原著ページを省略できる。
その場合、著者名はカタカナ、出版年は原著のものとし漢数字で表記する。

4　和文の区切りは「、」「。」とし、欧文の区切りは「,」「.」を用いる。

5　参考文献の記載例

●邦文文献

(1)　単行本

著者、出版年、『書名』出版社またはシリーズ。

（例）清水幾太郎、一九八〇、『戦後を疑う』講談社
浜口恵俊、一九八八、『「日本らしさ」の再発見』講談社学術文庫

(2)　論　文

(a)　単行本論文：執筆者、出版年、「論文名」（編者、書名、出版社）

（例）寺尾琢磨、一九六六、「マルサスとマルクス」（南亮三郎、舘稔編『マルサスと現代』勁草書房）

(b)　雑誌論文：執筆者、出版年、「論文名」（『雑誌名』巻号）

（例）中川友長、一九四〇、「将来人口の計算に就て」（『人口問題研究会』第一巻第二号）

(3)　新　聞

『新聞名』年　月　日

（例）『毎日新聞』二〇一二年四月一日

(4)　未刊行物

著者、論文とも既刊行物に準じて記載する。出版年は予定年月の後に予定と付記する。

●外国文献

著者名は原則として姓名を倒置するが、共著の場合は二人目からは倒置しない。翻訳のある場合は、（　）内に邦文文献の記載順序にしたがって記載する。

(1)　単行本

著者、出版年、書名（イタリック）、版次、出版地、出版社

（例）Samuelson, P.A, 1964, *Economics; An Introductory Anlysis*, 6th ed, New York, McGraw-Hill.（都留重人訳、一九六六、『経済学―入門的分析―』岩波書店）

(2)　論　文

〈単行本論文〉

執筆者、出版年、論文名、in 書名（イタリック）,ed., 編者名、出版地、出版社

（例） Chakravarty, S. and R. S, Echaus, 1961 "Choice Elements in International Planning" in *Capital Formation and Economic Development*, ed. P.N. Rosenstein-Rodan, London, Allen & Urwin.

〈雑誌論文〉

執筆者、出版年、"論文名" in 書名（イタリック）、巻号

（例） Lokanatnan, P. S., "*Regional Co-operation and* Development," *Indian Economic Journal*, Vol.15. No.3.

(3) 新　聞　新聞名（イタリック）、出版地、日、月、年

（例） *The Jerusalem Post*, Jerusalem, 12 April, 1971.

(4) 未刊行物

著者、論文とも既刊行物に準じて記載し、出版予定年の後に（unpublished）と付記する。

●同じ著者の文献

同じ著者書の文献については、二つ目から著者名を――（ダッシュ）で省略する。

●番号の付け方

(1) 註の番号（Key Number）は、原則として註を必要とする単語、または文章の終わりの右側下方に付け、一連番号とする。

(2) Key Numberには、算用数字を用い上下のカッコを付ける。

（例）○○○○(1)
○○(2)○○

(3) 註と参考文献は、全文の終わりに一括記入する。

（例）
(1)○○○○
(2)○○○○

日本社会学史学会

東京都世田谷区桜上水 3-25-40
日本大学文理学部社会学研究室内
電話　03-5317-8978　FAX　03-5317-9423
振替　00180-6-85671

社会学史研究　　第 46 号

2024 年 6 月 22 日　　第 1 刷

編　集　　　　　日本社会学史学会
編集責任者　　　小松丈晃　多田光宏
発　行　　　　　株式会社　いなほ書房
〒 169-0075　東京都新宿区高田馬場 1-16-11
電　話　03（3209）7692
発売元　　　　　株式会社　星　雲　社
（共同出版社・流通責任出版社）
〒 112-0005　東京都文京区水道 1-3-30
電　話　03（3868）3275

乱丁・落丁はお取り替えします。

ISBN978-4-434-34315-5